KB125808

쉿! 우리동네

쉿! 우리동네

우리 땅 곳곳에 숨어 있는 명소

초판 1쇄 발행 2019년 7월 10일

지은이 연합뉴스 취재팀

발행인 조성부
편집인 김진형
주 간 이창호
기 획 권혁창 · 김민기

발행처 연합뉴스
주 소 03143 서울시 종로구 율곡로2길 25
　　　　www.yonhapnews.co.kr

디자인 디자인커서

ISBN 978-89-7433-131-3 (03380)
　　　　값 18,000원

구입 문의 02-398-3591, 3593~4

이 도서의 국립중앙도서관 출판예정도서목록(CIP)은 서지정보유통지원시스템 홈페이지
(http://seoji.nl.go.kr)와 국가자료종합목록 구축시스템(http://kolis-net.nl.go.kr)에서
이용하실 수 있습니다. (CIP제어번호 : CIP2019023436)

우리 땅
곳곳에
숨어 있는
명소

쉿!

글 • 연합뉴스 취재팀

우리
동네

국가기간뉴스통신사

연합뉴스

우리 땅 곳곳에 숨어 있는
역사와 문화를 만나다

골목길에는 지금은 잊힌 우리의 이야기가 담겨 있습니다. 시간의 흐름 속에 끊어진 골목길의 역사를 찾아내 되살리는 것은 오늘을 사는 우리들의 숙제입니다. 우리 가족이 살아온 동네 이야기는 개울이 모여 강을 이루듯 우리 역사와 문화의 여백을 채워줄 중요한 물줄기가 됩니다.

국가기간뉴스통신사 연합뉴스의 전국 13개 지방취재본부 기자들은 지난 2017년 11월부터 1년 2개월 동안 우리 땅 곳곳을 발로 뛰며 취재한 전국의 명소에 대한 생생하고 실용적인 이야기를 매주 하나씩 소개했습니다. 꼭 알아야 할 우리 동네 이야기 49가지를 모아 '쉿! 우리동네―우리 땅 곳곳에 숨어 있는 명소'라는 제목으로 출간합니다.

우리 땅 곳곳에 숨어 있는, 선조의 숨결이 깃든 동네의 역사를 만나볼 수 있습니다. 미처 몰랐던 우리 동네 이야기로부터 문화유산에 대한 다양한 정보를 얻게 될 뿐 아니라 우리 역사에 대한 자긍심도 느끼게 됩니다.

강원도 철원군 근남면 마현리는 1959년 태풍 사라호의 상륙으로 경북 울진 마을 전체가 사라진 후 66가구의 주민들이 이주해 만들어진 마을입니다. 이주민들이 주린 배를 부여잡고 맨손으로 황무지를 일궈 탄생한 마현리는 이제 국내 최대 파프리카 생산지로 우뚝 섰습니다.

당나라 장수 설인귀가 귀신이 된 경기 파주 감악산은 구름 위를 걷듯, 하늘에 떠가듯 건너는 재미도 쏠쏠한 '출렁다리'가 생기면서 유명한 관광명소로 자리매김했고, '육지 안의 섬'으로 불리는 경북 영주의 무섬마을은 사진만 봐도 빼어난 경치와 독특한 지형 때문에 가보고 싶은 마음이 절로 듭니다.

고려와 조선 시대 삼남 지방에서 도성으로 향하던 세곡선의 길목인 태안반도에서는 수에즈운하보다 수백 년 앞서 운하공사가 이뤄졌습니다. 충남 서해안 천수만과 가로림만을 잇는 미완의 역사 '굴포운하'입니다. 세곡선의 난파 전설과 함께 굴포운하를 알리는 안내판이 아직 남아있습니다.

최근 신도시 건설로 관심을 끄는 남양주시의 왕숙은 조선 시대 태조 이성계가 함흥에서 서울로 돌아올 때 7일 동안 묵었던 곳이라 해서 붙여진 이름입니다. 부산의 비석마을은 일제 강점기 갈 곳 없던 피난민들이 일본인 공동묘지 위에 정착해 만들어진 사연 깊은 마을입니다. 무덤의 비석들은 주택에 일부 사용돼 공동묘지였음을 침묵으로 증언하고 있습니다.

'현실보다 더' 이미지를 중시하는 '이미지 과잉 시대'에 이 책은 우리네 삶의 소박한 무늬가 무엇인지 담담하게 들려주고 있습니다. 푸른 산과 시원한 개울을 따라 걸으며 우리 산하의 속살을 만나보십시오. 골목길 어딘가에서 한줄기 시원한 바람이 불어올 것입니다.

이 책이 모쪼록 전국 곳곳 우리 동네를 살리는 데 기여해 수도권 집중화를 억제하고 전국 균형 발전을 이루는데 밑거름이 됐으면 합니다. 책이 나오기까지 현장에서 열심히 취재한 일선 기자들과 관련 자료를 적극 지원해준 지자체 관계자들께 깊은 감사를 표합니다.

2019년 7월

연합뉴스 대표이사 사장 조성부

대구

경북

울산

경남

부산

제주

쉿!

우리동네

우리 땅 곳곳에 숨어 있는 명소

수원은 어떻게
갈비의 본고장이 됐나

일제강점기 전국 3대 우시장
화춘옥 갈비가 원조, 삼부자 갈비 이후 동수원 시대 열어

글 **강영훈** 기자

경기 수원은 갈비 요리의 본고장으로 불린다. 전국 다른 곳에도 지역의 이름을 붙인 갈빗집들이 존재하지만, '수원 갈비'의 명성에는 미치지 못한다. 은은한 숯불에 구운 뒤 소금을 찍어 고기 그대로의 맛을 즐기는 생갈비, 갖은 재료를 넣어 만든 양념을 발라 먹는 양념갈비까지 그 풍미가 뛰어난 수원 갈비는 예로부터 지금까지 남녀노소 가리지 않고 많은 사람의 사랑을 받고 있다.

그렇다면 수원에서는 언제부터 갈비가 유명했던 것일까. 수원
갈비의 유래는 조선 시대 후기 수원 우시장의 형성과 밀접한 연관
이 있다는 게 통설이다. 우시장을 곁에 두고 있어 음식 재료로 쓸
소갈비를 구하기가 쉽다 보니 자연스레 '수원 갈비'가 생겨났다는
것이다.

육질 탱탱한 생갈비

연간 2만 두 거래된 전국 3대 우시장

수원 우시장의 형성 배경을 논할 때는 개혁과 효의 상징인 조선
22대 왕 정조^{正祖·재위 1776~1800}를 빼놓을 수 없다. 수원에 화성^{華城}

을 축조한 정조는 수원이 자립 도시로 기능할 수 있도록 둔전屯田·군량을 충당하기 위해 요지에 설치한 땅을 경영했다. 농민들에게 종자와 소를 나눠주고, 농사를 짓게끔 했다. 수확기가 되면 수확의 절반을 거둬들이고, 소는 3년에 한 마리씩 갚게 했다. 이후 소의 숫자가 늘어나면서 거래를 할 마땅한 장소가 필요해지자 성 안팎에 우시장이 하나둘 생겼다. 장이 열리는 4·9일 닷새 간격으로 우시장에는 소 장수와 농민들로 북새통을 이뤘다.

지리적인 요건도 수원 우시장 발전에 한몫했다. 한동민 수원화성박물관장이 펴낸 '수원을 걷는다 근대 수원 읽기'에 따르면 수원 우시장은 19세기 중반 이후 충청도 지역의 소가 값이 좋은 서울로 올라온데 힘입어 크게 성장했다. 조선 시대에는 종묘사직이 있는 한양 도성 내에서의 도축이 엄격히 금지됐다. 따라서 우시장도 서지 않았다. 이 때문에 한양 남쪽에서 가장 큰 수원 우시장에서 소를 팔면 더 좋은 값을 받았다. 안성장(2·7일), 오산장(3·8일) 등 주변 시장 소들도 수원에서 유통됐다. 소 장수들은 수원 우시장에서 좋은 값으로 어미 소를 팔고, 다시 송아지를 사서 1년을 키워 수원에서 다시 파는 식으로 부가가치를 창출했다는 게 한 관장의 설명이다.

1905년 경부선 철도가 열리면서 수원 우시장의 규모는 더욱 커졌다. 일제강점기 수원 우시장에서는 연간 2만 두의 소가 거래됐다. 수원 우시장보다 거래량이 많은 우시장은 연간 2만5천 두 정도의 소가 거래되는 함경북도 명천군 명주장과 길주군 길주장 정도였다고 한다. 일제강점기부터 해방 이후까지 수원 우시장은 전국 3대 우시장의 지위를 단 한 번도 놓치지 않았다.

대통령도 맛본 원조 수원 갈비 '화춘옥'

수원 갈비가 현재의 명성을 얻기까지 빼놓을 수 없는 곳이 바로 원조 수원 갈빗집으로 불리는 '화춘옥'華春屋이다. 화춘옥은 이귀성1900~1964 씨가 1945년 12월 팔달문 밖 장터인 지금의 영동시장 싸전거리에 '미전옥'米廛屋을 세운 것이 시초다. 이씨는 2년 뒤 저잣거리 2층 목조 건물로 옮겨 화춘옥으로 이름을 바꾸고 본격적으로 갈비를 팔기 시작했다.

이씨의 손자인 광문 씨 등이 화춘옥을 비롯한 수원 갈비의 역사에 대해 구술한 '수원 갈비를 만든 사람들'을 보면, 화춘의 '화'자는 화성 화서문華西門의 화華자를, '춘'자는 이씨의 형이자 광문 씨의 큰할아버지인 이춘명 씨의 춘春자를 딴 데에서 유래됐다. 춘명 씨는 일제강점기 화춘제과를 운영하다 문을 닫았는데, 이씨가 형

수원박물관 내에 있는 화춘옥 모형

의 제과점 이름을 따서 갈빗집을 개업한 것이다. '화춘'이라는 명칭을 계속 사용함으로써 가업을 잇는다는 의미를 담았다.

광문 씨는 "해방 이후 밀가루나 설탕 공급이 안 됐다고 한다"며 "과자 같은 것을 많이 하셨다고 하는데, 설탕이랑 밀가루가 없으면 (과자를) 못 만드니까 그걸 접으면서 (식당으로) 바꾸신 것"이라고 갈빗집 창업 배경을 전했다.

화춘옥은 초기 설렁탕, 육개장, 해장국 등을 주메뉴로 하면서

1996년 10월 열린 수원 갈비 축제

갈비를 선보였는데, 나중에 참기름, 소금, 설탕 등을 넣어 만든 양념을 왕갈비에 발라 구워 먹는 양념갈비를 팔기 시작했다. 이에 대해 광문 씨는 "(다양한 음식을 파는) 식당인데 사람들이 갈비를 찾으니까 갈빗집이 된 것"이라고 설명했다.

화춘옥 2대 주인인 이씨의 아들 영근 씨는 갈비의 양념을 한 단계 더 발전시켰다. 이로써 1970년대 화춘옥의 명성은 더욱 높아져 항상 문전성시를 이뤘다. 박정희 전 대통령도 경기도에 들르면 화춘옥의 수원 갈비를 먹었다. 이 소문이 퍼지면서 화춘옥의 유명세는 더 커졌다.

화춘옥에서 1958년께 취업해 1980년 폐업할 때까지 근무한 주방장 문이근 씨는 구술 자료에서 "대통령이 (농촌진흥청에) 모내러 오실 적에 밥도 갖다 줬다"며 "그때에는 갈비를 많이 팔았다. 일요일 같은 때에는 한 700~800대 팔 정도였다"고 기억했다.

1985년 4월 화춘옥 방식의 수원 갈비는 수원시 고유 향토음식으로 지정됐다.

"수원 갈비 전통 계승·발전시켜야"

화춘옥을 시작으로 수원 지역에는 많은 갈빗집이 생겨났는데, 대표적인 곳이 바로 동수원 시대를 연 '삼부자 갈비'다. 삼부자 갈비는 현 김재홍 사장의 모친인 김정애 여사가 1970년대 중순 팔달문에서 운영하던 갈비센타가 그 전신이다. 김 여사는 1980년대 들어 갈비센타를 동생에게 물려주고 폐업하기 전의 화춘옥을 잠시 임대받아 운영하다가 1981년 동수원 지역으로 자리를 옮겨 '원두막 갈비'^{지금의 삼부자 갈비}의 문을 열었다. 당시 동수원 지역에 최초로 문 연 원두막 갈비 주변에는 논밭과 버스가 다니는 1차로 도로가 전부일 정도로 황량해 주위의 만류가 많았다고 한다.

하지만 가족들은 김 여사의 혜안을 굳게 믿었다. 김 사장은 "어머니께서는 곧 자가용 시대가 오기 때문에 조금 외진 곳에 있더라도 갈비 주 고객층인 서울 등 외지의 사람들이 찾아올 것으로 판단했다"며 "예상은 적중했고, 곧 장사가 잘 되면서 동수원 지역에는 다양한 갈빗집들이 들어섰다"고 회상했다.

삼부자 갈비의 성공에 이어 동수원 지역에는 동수원모텔 갈비, 본수원 갈비, 본집 갈비, 신라 갈비 등 갈빗집들이 다수 들어섰다. 김 여사가 동생에게 물려준 갈비센타는 현재 수원의 유명 갈빗집인 팔달구 우만동 소재 '본수원 갈비'가 됐고, 본수원 갈비가 있던 자리에는 '본집 갈비'가 들어서는 등 삼부자 갈비가 수원 갈비의 명맥을 확장했다는 평가도 많다.

'○○ 가든'이라고 불리는 고급·대형 갈빗집이 성행한 것도 이와 궤를 함께한다. 동수원모텔 갈비 조리사 모임 등을 통해 레시피가 폭넓게 공유되면서 수원 갈비의 맛이 균일화된 것도 이 시기다.

수원 역사 연구가들은 수원 갈비가 우리나라 외식 문화에 끼친

**1987년 삼부자 갈비
에서 식사하는 가족**

영향이 지대하다고 설명한다. 한 관장은 "수원 갈비는 우리 식탁
에 서브 메뉴로 올리던 갈비소고기를 메인 메뉴로 격상시켰다. 상차
림 후 밥이 아닌 고기를 먼저 먹고 냉면 등을 식사로 하는 방식의
등장은 우리 외식 문화를 완전히 바꿔 놓았다"며 "우리가 과거 수
육으로 해먹던 돼지고기도 구워 먹는, 예컨대 삼겹살의 발견 등에
도 영향을 끼쳤다"고 평가했다. 그는 이어 "수원의 자랑인 수원 갈
비의 전통을 계승하고 발전시켜야 한다"며 "이를 위해서는 정통
수원 갈비를 맛보고, 문화·예술 공연을 즐길 수 있는 공간을 조성
할 필요가 있다"고 덧붙였다.

'조선팔도 부자들 모여라', 수원 행궁 앞 팔부자거리

정조대왕 화성 축조 당시 상업 활성화 위해
조성한 '조선의 신도시'

글 **권준우** 기자

분당과 일산 등 1기 신도시가 새로 생기던 1989년 당시 시민들이 느낀 놀라움은 상상 그 이상이었다. 포화상태에 이른 서울 인구에 치솟는 집값으로 시름하면서도 "논밖에 없는 곳에서 어찌 살아"라는 농담이 유행할 만큼 전에 없던 도시가 새로 만들어진다는 일은 쉽사리 상상하기 어려웠다.

그러나 3년 뒤 도로가 생기고 관공서가 자리 잡고 고층 아파트가 첫 입주를 시작하자 시민들의 생각은 달라졌다. 어느덧 '부촌'이란 이미지를 갖게 된 이들 신도시는 새 보금자리를 찾아 몰린 시민들로 벼 이삭만큼 빽빽이 거리를 채워나갔고, 30여 년이 지난 이제는 굳이 '신도시'라고 명명할 필요도 없을 정도로 자연스러운 생활공간으로 자리 잡았다.

200년 전 조선에서 벌어진 신도시 사업

그런데 이런 신도시 조성사업이 200여 년 전 조선 시대 수원에서도 대대적으로 이뤄졌다는 사실을 아는 사람은 많지 않다. 정조대왕이 수원 화성 축조 후 '호호부실 인인화락'戶戶富實 人人和樂·집집마다 부자가 되게 하고 사람마다 즐겁게 한다의 정신으로 세운 '팔부자거리'가 바로 그곳이다.

"상이 높은 곳에 올라 고을 터를 바라보고 곁에 모인 사람들에게 이
르기를 이곳은 본디 허허벌판으로 인가가 겨우 5~6호였는데 지금
은 1천여호나 되는 민가가 즐비하게 찼구나. 몇 년이 안 되어 어느
덧 하나의 큰 도회지가 되었으니 지리의 흥성함이 절로 그 시기가
있는 모양이다." (정조실록, 정조 18년 1월 15일)

1789년 정조는 화산 아래에 있던 옛 수원의 읍치邑治와 백성들
을 현재의 수원으로 옮겨 새로운 도시를 건설하는 한편 화성 축성
을 시작했다. 이어 수원의 경제를 발전시켜 부유한 도시로 육성시
키기 위해 전국 각지의 부자들에게 이자 없이 자금을 대출해 화성
성내에 점포를 차리게 해 주거나 전국의 인삼 상권과 갓 제조권을
허락했다.

당대로 보나 지금으로 보나 파격적인 혜택에 한성 부호와 전국
8도의 부자들이 속속 모여들었고, 이들이 한데 상권과 마을을 형
성하면서 지금의 장안문에서부터 행궁 앞 종로 네거리에 이르는
팔부자거리가 형성됐다. 이곳은 당시 한성 육의전과 팔부자거리
외에 상설시장이 있었다는 기록을 찾아볼 수 없을 정도로 상업적
으로 큰 성공을 거뒀다.

조선 8도 부자들이 모인 팔부자집

팔부자집은 팔부자거리 내 형성된 부촌을 일컫는다. 팔부자거
리와 팔부자집이 조성된 사실은 실록을 통해 확인됐지만 정확한

위치와 규모가 어떻게 되는지에 대해선 학자별로 일부 의견이 갈린다.

다만 1897년 요셉 알릭스 신부가 천주교 조선 교구장 뮈텔 주교에게 보낸 편지의 내용에서 팔부자집의 위치와 규모에 대한 단서를 찾을 수 있다. 편지에는 "수원에 팔려고 내놓은 집이 있다는 소식입니다. 팔부자집인데 약 30칸입니다. 값은 5천 냥을 넘지 않을 것 같습니다"라는 내용이 적혀 있다.

이후 요셉 신부가 팔부자집을 구매한 뒤에는 "조선 왕국의 8도를 대표하는 최고 부자 8명이 똑같은 설계로 나란히 8채의 집을 지었습니다. '팔부자집'이라는 이름이 거기서 나왔습니다. 본인이 산 집은 그중에서 가장 훌륭하고 제일 잘 보존된 것입니다"라고 재차 서신을 보냈다.

이 편지의 내용과 당시의 주택 소유기록을 통해 추정할 수 있는 팔부자집은 화홍문 아래로 수원천을 따라 가장 넓은 거리가 형성된 길목에 연달아 서 있던 기와집들을 말한다. 당시 어느 가문이 살고 있었는지는 확인하기 어렵지만 각 주택의 규모는 적게는 111평부터 많게는 322평에 이르는 것으로 기록됐다.

이들 팔부자집 주변으로 비단을 파는 입색전立色廛, 해산물을 팔던 어물전魚物廛, 소금을 파는 염전鹽廛, 유기 등을 파는 유철전鍮鐵廛 등이 형성된 점으로 미뤄 이들 팔부자들은 재력을 토대로 일대 상권에 큰 영향을 미쳤을 것으로 추정된다.

일제강점기 이후 몰락

외세가 득세하던 1910년대 팔부자거리는 전통적인 부와 명예

의 거리에서 벗어나 가장 급격한 변화를 보여준다. 행궁 건너편으로 교회가 들어서고 팔부자집 터에 천주교 성당이 세워지며 거리의 색채가 다소 변했다. 본격적으로 서양문물이 들어오면서 기존 상권은 힘을 잃기 시작했고, 거리 안에 있던 조선후기 훈련도감 중 하나인 중영中營이 일본군 수비대 주둔지로 바뀌는 등 국가의 몰락에 따라 팔부자거리도 점차 무너졌다. 그럼에도 팔부자거리는 1980년대까지 수원 상권의 중심 역할을 톡톡히 하며 지역에서 가장 부유한 동네라는 명성을 지켜왔다. 하지만 이후 북수원과 영통지구 등이 개발되며 인구와 상권이 줄어들었고, 현재는 수원 내에서 가장 개발이 덜 된 구도심 중 하나로 전락했다.

팔부자거리에 있던
어물전(魚物廛)과
매달린 생선을
바라보는 고양이를
그린 벽화
(수원문화재단 제공)

팔부자 문구 거리, '행리단길'의 탄생

현재 팔부자거리에는 1980년대부터 문구점들이 하나둘 모여들어 형성된 문구 거리가 있다. 한때는 점포가 22곳까지 늘며 성행했지만, 여느 동네 문방구처럼 이곳도 시대의 흐름에 따라 지금은 12곳으로 줄어든 상태다. 그러나 2011년 시작된 수원시의 마을르네상스 사업이 문구 거리가 형성된 행궁동 일대에서 진행되며 예전보다 활기를 되찾은 모습이다. 떠난 문구점들의 빈자리는 벽화와 팔부자거리를 상징하는 조형물들로 채워졌고, 해설사와 함께 마을을 돌며 역사 이야기를 듣는 '왕의 골목' 프로그램도 활발히 운영 중이다.

무엇보다 팔부자거리에 활기를 더해주는 건 맛집과 공방, 카페 등이 어우러져 젊은 층의 발길을 끌고 있는 '행리단길'이다. 행리

행리단길의 한 식당
(수원시 제공)

단길은 행궁동과 서울 이태원 부근의 유명 상업 거리인 경리단길의 명칭을 합쳐 만든 말로, 구도심인 행궁동에 파스타와 디저트 음식점 등이 들어와 독특한 분위기를 내자 SNS를 중심으로 퍼진 것이다. 35곳가량의 음식점과 카페가 모인 이곳은 이제 매 주말 주변 도로에 차량정체를 부를 만큼 수원의 대표 명소 중 하나로 자리 잡았다.

행리단길이 떠나간 손님들을 끌어모으자 주변 상인들도 점차 활기를 띠는 모양새다. 식당을 운영하는 황모(59·여)씨는 "예전엔 이따금 술 한 잔씩 하러 들르는 주변 상인들과 주민들이 전부였지만 이젠 젊은 손님들이 찾아와 사진도 찍고 식사도 한다"며 "거리가 점차 활기를 띠는 것 같아 즐겁다"고 말했다.

수원문화재단 관계자는 "화성행궁과 팔부자거리라는 역사적인 스토리를 골목 안으로 넣어 방문객들에게 볼거리와 즐길 거리, 먹거리를 함께 제공할 수 있도록 했다"며 "주변 미술관과 옛 공방, 한옥을 활용한 체험행사도 마련하고 있다"고 말했다.

효자 정조 발길 닿은 행궁 어디였나

경가교

정조대왕

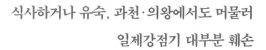

식사하거나 유숙, 과천·의왕에서도 머물러
일제강점기 대부분 훼손

글 **류수현** 기자

수원 화성행궁은 조선 22대 왕 정조재위 1776~1800년가 아버지 사도세
자를 참배하기 위해 수원 화산 현륭원으로 가는 원행길에 잠시 들
러 머물던 곳이다. 조선 시대 행궁行宮·임금이 지방에 행차할 때 임시로 머물던
곳 가운데 가장 아름답다는 평을 받는 화성행궁은 군사들이 훈련하
거나 관리들이 행정업무를 볼 수 있었을 만큼 규모도 제일 컸다.

　서울 창덕궁에서 아버지의 묘가 있는 곳까지 거리는 약 60km.
정조는 재위 기간에 13번 수원 원행에 나섰다. 일제강점기를 거치
며 많은 곳이 흔적도 없이 사라졌지만 경기도에는 화성행궁 말고
도 정조가 원행하는 동안 들렀던 행궁들이 더 있었다.

아버지도 경유한 과천행궁, '온온사'(穩穩舍)라 부른 정조

　경기도 과천시 관문동 일대에 있는 '온온사'는 1980년 6월 경기
도지정유형문화재가 됐다. 임용훈 과천향토사연구회 향토사에 따
르면 편안한 집이란 뜻의 온온사는 조선 시대 과천현 관아에 딸린
객사대궐을 향해 예를 지내고 외부에서 온 관리가 숙박하는 장소였다. 정조 이전 국
왕들이 지방으로 거동온천행·사냥·능행 등할 때 체류하던 행궁이기도
했다.

2018 정조대왕 능 행차 공동재현 행렬

경기 수원

기록을 살펴보면 '과천행궁'라는 용어가 처음 등장한 것은 성종(재위 1469~1494년) 때다. 정조도 과천로를 통한 원행에서 주로 이곳에서 쉬거나 묵고 갔다. 1790년 원행 중에는 "경치가 좋고 쉬어가기 편하다"며 과천 객사에 '온온사'라는 친필 현판을 하사한 것으로 전해진다. 정조는 특히 과천행궁을 좋아했는데, 사도세자가 온천욕을 하러 온양에 가면서 이곳 과천로를 경유했기 때문이다. 정조는 과천행궁을 지날 때마다 아버지를 만난 백성들을 수소문해 아버지에 대한 이야기를 들었다고 한다.

사실 현재의 온온사 건물은 원형 그대로 보존된 건물형태는 아니다. 일제가 펼친 문화 말살 정책으로 훼손됐다가 1986년 12월에 복원됐다. 남아있는 기록이 거의 없어 객사 건축물 가운데 가장 표준 형태인 전남 순천시 '낙안읍성 객사'를 모방해 정면 9칸, 측면 2칸 규모로 지어졌다. 정확한 행궁관아지터는 현재 과천초등학교 자리로 추정된다.

정조는 1797년 원행 때 안산행궁에도 한차례 들렀던 것으로 전해진다. 안산읍성 관아에 있던 이 행궁도 객사였다. 정조가 이곳에서 하룻밤을 묵으면서 안산행궁으로 불리게 됐다. 안산행궁은 일본 강점기에 훼손됐으나 최근 조선 시대 객사 모양 등을 토대로 일부 복원됐다.

'과천길' 대신 만든 '시흥길', 지금은 사라진 행궁들

정조의 원행길은 환갑을 맞은 어머니 혜경궁 홍씨와 원행에 나섰던 1795년을 기점으로 달라진다. 정조는 창덕궁을 출발해 과천행궁을 들러 군포로 진입한 '과천길' 대신 창덕궁에서 시흥행궁과

팔달산에서 내려다본 화성행궁과 수원 시내

안양행궁을 거쳐 군포로 들어가는 '시흥길'을 이용하기 시작한다. 과천길은 연로한 어머니와 행렬이 지나가기에 지형이 협소하고 언덕이 많았다. 대신 넓고 평탄한 시흥길이 새로 만들어졌다. 정조는 시흥길을 지나며 시흥행궁과 안양행궁에 머물다 간 것으로 전해진다.

하지만 이들 행궁은 모두 자취를 감춘 상태다. 2017년 12월 서울 금천구청이 발간한 '시흥행궁 복원 및 활용을 위한 학술조사 보고서'에 따르면 시흥행궁이 있던 지역이 서울에 편입되고 산업화가 급속하게 이뤄지면서 행궁은 훼손됐다. 관련 사료가 거의 없다 보니 시흥행궁이 현재 금천구 시흥동 일대에 자리했을 거라는 추측만 있을 뿐 정확한 위치는 확인되지 않고 있다. 안양행궁도 안양1번가 상가건물 틈에 '안양행궁지'라는 작은 표지석으로 남아있을 뿐이다.

안양문화원 관계자는 "안양행궁 주변에 큰 기와집이 있어서 사람들이 (행궁을) '대궐터'라고 불렀다고 한다"며 "정확하진 않지만 시흥행궁에 불이 나서 이를 보수하는데 안양행궁 자재를 갖다 쓰면서 행궁이 사라졌다는 얘기가 있다"고 설명했다.

효자 정조 발길 닿은
행궁 어디였나

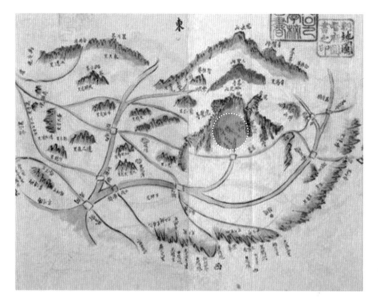

**1899년 규장각도서에
표기된 시흥행궁 위치**
(시흥행궁 복원 및 활용을
위한 학술조사 보고서
갈무리)

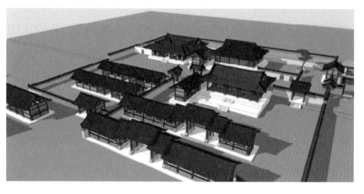

시흥행궁 조감도
(시흥행궁 복원 및 활용을
위한 학술조사 보고서
갈무리)

개발로 훼손될 위기, 의왕 '사근행궁터'

조선왕조실록을 보면 사근행궁은 정조 이전의 왕들도 이용하
던 곳이었다. 사근행궁이 있던 사근천 지역은 큰 규모는 아니었지
만, 교통의 요지였다. 현종재위 1659~1674은 질병을 치료하기 위해 온
양 온천을 자주 다녔는데, 이때마다 이곳에 머무른 것으로 전해진

다. 정조의 아버지 사도세자도 마찬가지였다. 정조가 어머니 혜경궁 홍씨와 함께 원행에 나선 1795년에는 사근행궁에서 함께 식사한 것으로 전해진다.

일본강점기에 의왕면사무소로 사용된 사근행궁은 1937년 3월까지 기와지붕 모습으로 잘 보존되고 있었다. 하지만 당시 수원군 일형면과 의왕면이 통합돼 일왕면이 설치되면서 수원에 면사무소가 지어지게 됐다. 이때 사근행궁은 새 면사무소를 짓는데 돈이 더 필요하다는 이유로 일왕면협의회 결의를 거쳐 철거됐다.

당시 면협의회 기록을 보면 의원 중 한 명이 "전 의왕면사무소 사근행궁는 조선 시대 행궁이므로 고적古蹟으로 보존하는 게 어떠냐"고 의견을 제시했으나 의장인 면장은 "유지가 곤란하다. 매각 외 방법이 없다"고 반대했다. 1960년대 초반까지 사근행궁터에서 기단으로 쓰인 돌과 기와들이 일부 수습됐지만, 이후 방치되다가 인근에 택지가 들어서면서 아예 사라졌다. 현재 의왕시청별관 입구에는 지역유지 모임인 백운회에서 1989년에 세운 사근행궁터 비만 남아 이곳에 사근행궁이 있었다는 사실을 말해주고 있을 뿐이다.

의왕문화원 향토문화연구소 박철하 고문은 "1919년 3월 31일 의왕면사무소로 이용되던 사근행궁 앞에서 독립 만세운동이 전개되기도 했다"며 "하지만 지금은 시의 재개발 계획에 사근행궁터 일부가 새 도로에 포함되는 등 역사의 한 부분이 훼손될 위기에 놓였다"고 말했다.

당나라 장수 설인귀가
귀신이 된 감악산

남북 교통·군사 요충지
산 정상엔 글자 없는 '진흥왕순수비'

글 **노승혁** 기자

"(조선에서 이름난 산으로) 동쪽엔 치악산이요, 남쪽으로는 계룡산과 죽령산과 우불산과 주흘산과 금성산이며, 중부엔 목멱산^{지금의 서울} 남산이며, 서쪽으로는 오관산과 우이산이고, 북쪽으로는 감악산^{紺嶽} 山과 의관령이 있다."

조선 후기 학자 이긍익^{1736~1806}의 연려실기술^{燃藜室記述}에 나오는 한 대목이다. 지금의 경기 파주 적성면에 있는 감악산이 조선 시대에 신성시된 산악 중 한 곳이었음을 엿보게 된다. 조선왕조는 건국 이듬해인 태조 2년¹³⁹³ 1월 21일에 감악산을 지키는 성황신을 호국백^{護國伯}으로 책봉하기도 했다. 이 때문인지 감악산은 철마다, 혹은 가뭄과 같은 국가적 재난이 있을 때 제물을 받는 신으로 당당히 대접받았다. 감악산은 해발 675m 높이다. 그리 높지는 않지만 우리 역사에서는 영험한 곳으로 꼽힌다. 예로부터 바위 사이로 검은빛과 푸른빛이 동시에 흘러나온다 해서 감악^{紺岳}이란 이름을 얻었다. 산 전체가 거대한 돌덩이라 신성성이 더 했을 것이다. 하지만 군사보호시설로 묶여서 일반에 개방된 지는 오래되지 않는다.

　감악산은 예로부터 임진강을 낀 남과 북의 교통 요충지이자 삼국시대 이래로 한반도 지배권을 다투던 군사 요충지였다. 산 정상을 중심으로 북서쪽은 파주시 적성면, 북동쪽은 연천군 전곡읍, 남동쪽은 양주시 남면 등 3곳에 걸쳐 있다. 이 지역은 국경 분쟁이 심하던 삼국시대에는 치열한 영토 싸움의 현장이었다. 감악산에서 북서쪽 방면으로 임진강을 향해 조금만 달리면 중성산이란 야트막한 산이 나타난다. 해발 150여m도 채 안 되는 그곳에 전투 현장의 한복판을 차지하는 고대 성곽 칠중성七重城이 있다. 군사 전략상 얼마나 중요했으면 성벽을 일곱 겹으로 쌓았겠는가. 고구려 영류왕 12년, 신라 진평왕 51년629 8월에 벌어진 양국 전쟁에서 김유신이 혁혁한 공을 세워 처음으로 역사의 전면에 화려하게 등장하는 낭비성娘臂城이 바로 이 칠중성이라는 학계 견해가 많다. 그렇다면 김유신은 감악산신의 감호를 받고는 출세 가도를 달린 셈이다.

　감악산은 험준해 산성을 쌓기 곤란했다. 대신 인접 지점이자 임진강 도강의 길목이 되는 중성산에 군사요새를 건설한 것이다. 한국전쟁 때는 유엔군 일원으로 참전한 영국군의 글로스터시市 출신 부대원들이 처절한 전투를 벌인 곳이기도 하다. 당시 글로스터 연대 1대대와 왕립 제170 박격포대 C소대 용사들은 설마리 235고지에서 수도 서울을 함락하기 위해 진격해 오는 중공군 주력 63군 3개 사단을 맞았다. 사흘 밤낮으로 치열한 전투를 벌인 끝에 공세를 차단했고, 그동안 한국군과 유엔군은 안전하게 방어선을 구축할 수 있었다.

당나라 장수 설인귀의 전설

　산 정상에는 삼국시대 고비古碑가 있다. 높이 170cm인 이 비석은 일명 '빗돌 대왕비' 또는 '설인귀비'라고도 한다. 그런데 비석엔 글자가 없다. 애초에 없었는지, 아니면 차츰 마모돼 없어졌는지는 알 수가 없다. 조선 후기 정계 거물이자 당대 제일의 명필인 미수 허목許穆, 1595~1682이 현장을 답사하고 남긴 글을 보면 그때도 비석엔 글자가 없었다.

감악산 정상의 고비 (파주시 제공)

"(1666년) 9월 29일… (송상사〈宋上舍〉)라는 분과 함께) 감악산을 유람하니, 저녁엔 견불사見佛寺에서 밤을 새고 새벽에 깎아지른 벼랑 정상에 올라 신정神井·우물 이름에서 물을 마셨다. 그 위가 감악사紺嶽祠다. 돌로 쌓은 단이 세 길인데, 단 위에는 산비山碑가 있으니, 오래되어 글자가 없어졌다. 옆에는 설인귀薛仁貴 사당이 있는데 왕신사王神祠라고도 한다. (삿된 귀신을 제사하는 사당인) 음사淫祠인데, 그 신이 요망하게 화복禍福을 내릴 수 있다 해서 제사를 받고 있다."

감악산 정상에 선 옛 비석은 지금도 허목이 말한 상태와 거의 같은 모습으로 남아있다. 비석은 전체 생김새라든가, 그 받침돌 모양이 북한산 비봉과 마운령, 황초령에서 각기 발견된 진흥왕 순수비와 일란성 쌍둥이처럼 닮았다. 그렇다면 왜 비석에 글자가 없을까. 아예 처음부터 글자를 새기지 않았을 가능성도 있다. 보통 비석은 미리 주문 제작에 들어간다. 이 비석 역시 진흥왕이 언제 감악산에 행차한다는 계획에 따라 제작에 들어가 그 행사 장소인 감악산 정상에 제반 준비를 하고 미리 세워놨을지도 모른다. 왕이 다녀가고, 모종의 행사를 치른 다음에 비석에다가 그 내용을 새길 예정이었을 수 있다. 그런데 무슨 일이 생겨 왕이 행차하지 못하자, 아무런 글자도 새기지 못한 채 지금과 같은 모습으로 덩그러니 남게 됐다는 추론이 가능하다.

허목의 감악산 유람기에서 또 하나 주목할 점은 감악산에 설인귀 사당이 있다는 점이다. 이 때문에 비석이 설인귀비라는 전설이 있다. 설인귀는 당 태종과 고종 시대에 두각을 나타낸 당나라 무장이다. 고구려 정벌에 결정적인 공을 세우고 당이 옛 고구려 지역 통치를 위해 총독부 격인 안동도호부安東都護府가 설치되자 그 우두머리인 도호부사에 임명됐다. 이후 나당전쟁에서 신라군과 맞서 여러 전투를 지휘했지만, 연이어 패하고는 본국으로 물러났다.

이런 설인귀가 느닷없이 감악산신으로 한반도에 다시 나타난 셈이다. 감악산은 비단 조선 시대만이 아니라 신라 이래 줄곧 영험한 산이라 해서 제사를 받았다고 한다. 신라 시대 산신이 설인귀였을 가능성은 희박하다.

그러다가 어느 때인지는 확실치 않으나 적어도 조선 전기 이전에는 감악산신이 설인귀라는 설화가 나타난다. 신증동국여지승람에서는 적성현에 있는 신사로 감악사를 소개하면서 "항간에 전해오기를 신라에서 당나라 장수 설인귀를 산신으로 삼았다고 한다"고 했다. 이 때문인지 적성면 일대에는 설마리와 설인귀굴을 비롯한 설인귀 관련 지명이 더러 있다. 심지어 설인귀는 칠중성에서 태어나서 말을 타고 훈련을 하며 감악산을 누비고 무예를 닦았다는 전설이 생겨났다.

'산악 현수교' 감악산 운계출렁다리

산 이름에 '악'자가 들어가면 산행이 힘들어 "악"소리가 난다는 말이 있다. 그만큼 가파르다는 의미다. 그러나 감악산은 다른 악산에 비해 상대적으로 수월한 편에 속한다. 파주시는 28억원을 들여 감악산 산허리를 휘도는 21km 길이의 순환형 둘레길과 함께 운계 폭포에 길이 150m의 운계출렁다리를 놓았다. 양쪽 계곡을 서로 연결하는 현수교 형태다. 길이는 전국 산악 현수교 중 최장인 150m이고 폭은 1.5m다. 시는 영국 글로스터시 출신 부대원들의 헌신적인 사투를 기념하기 위해 출렁다리의 별칭을 '글로스터 영웅의 다리'로 정하기도 했다. 이 출렁다리를 개장한 2016년

감악산 운계출렁다리

9월부터 2019년 4월 1일까지 2년 7개월 동안 감악산을 찾은 방문객은 165만3천810명에 달한다.

국내에서 율무가 가장 많이 나는 곳, 경기도 연천

80년대 중반 고소득 작물로 재배 시작
천연기념물 두루미·재두루미, 율무 낙곡 먹고 겨울 보내

글 **우영식** 기자

율무밭 전경(위)과 수확을 앞둔 율무(아래)

경기도 최북단 접경지 연천은 자타가 공인하는 율무의 고장이다. 국내 생산량의 70% 가량을 차지할 만큼 율무가 많이 재배된다. 여름철 사람 키보다 크게 자란 율무밭은 연천의 색다른 풍경 중 하나다.

아열대 작물인 율무는 원산지가 베트남을 비롯한 동남아시아 지역이다. 남한 최북단 가장 추운 곳에서 율무가 많이 재배된다는 것이 어찌 보면 아이러니하다. 율무는 과거에는 구황작물로 재배됐으나 현재는 약재, 화장품 원료, 음료인 차 등의 용도로 소비된다.

 연천에서 율무를 본격적으로 재배하기 시작한 것은 30~40년 전이다. 윤대흥(73) 연천군율무연구회장이 종자를 가져와 확산시킨 것이 계기가 돼 전국 제1의 주산지가 됐다. 콩과 윤작하는 율무는 척박한 토양에서도 잘 적응하는 작물이다. 연천은 척박한 산간 비탈밭이 많아 율무 재배가 급속히 늘었다.

 율무는 4월에 파종해 10월에 거둔다. 밭에 심으면 330m²당 150kg 안팎, 논에 심으면 250~300kg 정도 수확할 수 있다. 율무 외 다른 풀이 자라지 못해서 파종이 끝나면 손길이 많이 가지 않는다.

 한때 율무는 쌀과 비교해 4~5배 비싼 고수익 작물로 평가됐다. 2007년에는 생산량이 3천t까지 늘어나 농가의 주요 소득원이 되기도 했다. 연천에서 생산된 율무는 품질 면에서도 높은 평가를 받는다. 큰 일교차 때문에 열매가 충실해 맛이 좋아서다.

 그러나 재배가 급속히 늘어날 시기에 '정력에 좋지 않다'는 확인되지 않은 소문이 광범위하게 퍼져 소비가 줄었다. 값싼 중국산까지 대량으로 들어와 타격을 입었다. 그 바람에 생산량은 1천500~2천t 수준으로 감소했다. 재배 증가와 함께 재고가 쌓여 가격이 하락한 것도 생산량이 줄어든 요인이다. 게다가 최근 몇 년간 봄철 가뭄이 반복되며 생산량이 감소했다. 율무는 가뭄에 민감하다.

 윤 회장은 "10년 전 껍질을 까지 않은 피율무 1kg당 수매가격이 3천~4천원이었는데 지금도 같은 가격"이라며 "쌀보다 비싸 고소득 작물로 평가됐으나 지금은 그렇지 못하다"고 말했다.

 연천의 율무 생산량은 2016년 1천200t^{800ha}, 2017년 1천700t^{1천ha}, 2018년 1천720t^{759ha} 수준에 머물러 있다. 현재는 타 지역에서도 재배가 이뤄져 연천군이 국내 생산 율무의 60%를, 그 외 지역이 40% 가량을 차지하는 것으로 추정된다.

몸에 좋은 율무, 홍보 부족 등으로 소비 위축

과거 율무는 의이인薏苡仁 또는 율무쌀이라 해서 율무죽, 율무차 등으로 만들어 허약 체질에 보양식품으로 식용하거나 생약으로 사용했다. 율무는 전분이 많고 단백질이 풍부한 곡식이다. 탄수화물, 단백질, 지질, 철분 등 무기질과 비타민 등 몸에 도움이 되는 성분을 많이 함유한다.

율무는 알곡 형태로 쌀과 섞어 먹거나 가루를 내어 먹는 차와 선식, 화장품의 미백 재료, 약재 등으로 소비된다. 밥의 경우 하루 정도 불린 뒤 쌀과 섞어 밥을 해야 하는 등 불편하고, 콩이나 다른 잡곡에 비해 비싼 가격 때문에 소비가 줄었다. 율무 알곡 1kg의 소비자 가격은 1만원 선이다.

율무는 조선 시대 의학서인 '향약집성방'이나 '동의보감' 등에

율무로 만든 강정

언급될 정도로 한약 재료로 많이 사용했다. 한의학적으로 율무는 해열, 진정, 진통, 항암, 이뇨작용 등에 효과가 있는 것으로 알려졌다. 다이어트, 미용에도 효과가 있다. 절세미인 양귀비가 미모를 가꾸는 데 율무 기름을 사용했다고 전해지는 등 피부미용에 좋다는 것은 익히 알려진 사실이다. 물론

과다 섭취하면 설사나 복통, 구토 등을 유발하는 부작용도 있어 차로 즐겨 마신다. 그동안 율무 소비가 늘지 않는 것은 그 효능이 잘 알려지지 않았기 때문이라고 한다.

연천군농업기술센터는 한때 소비촉진 방안으로 율무 가공식품과 공예품 개발에 나서기도 했다. 센터는 다양한 식생활에 율무를 활용할 수 있도록 율무국수, 율무강정, 율무식혜, 율무빈대떡, 율무막걸리와 민속주 등 율무를 재료로 한 가공식품을 내놓았다. 또 율무 종피가 단단한 점에 착안해 천연재료로 주황색, 붉은색, 푸른색, 검은색 등으로 염색해 목걸이, 귀고리, 팔찌, 휴대전화 고리 등을 만들었다.

그러나 가공식품과 공예품은 기대와는 달리 이렇다 할 성과를 내지 못했다. 재배 농가들끼리 씨앗을 구해 심어야 하는 등 종자 보급이 안 된 것도 생산량 감소의 원인 중 하나다. 현재도 정확한 생산량을 파악하기 어렵다. 연천군 관계자는 "율무가 몸에 좋다는 것을 적극적으로 알려 소비를 늘려야 예전의 명성을 되찾을 수 있을 것"이라고 말했다.

'겨울 진객' 두루미·재두루미의 주요 먹이

율무는 해마다 겨울이면 연천을 찾는 두루미^{천연기념물 제202호}와 재두루미^{천연기념물 제203호}의 주요 먹이 중 하나다. 민통선 내 군남홍수조절지는 두루미와 재두루미의 겨울철 주요 서식지로, 매년 수백 마리가 겨울을 나기 위해 찾아온다. 겨울이면 율무밭에서 두루미와 재두루미가 율무 낙곡을 찾아 먹는 모습은 연천에서 흔히 볼 수 있는 장면이다.

율무밭에서
먹이활동 중인
두루미 가족

  농가의 소득 저하로 율무 재배가 줄면 두루미와 재두루미의 서식환경은 위축될 수밖에 없다. 2010년 7월 군남홍수조절댐이 건설되며 임진강 상류 서식지 변화로 한때 두루미와 재두루미의 개체 수가 크게 준 바 있다. 율무밭이 줄면 두루미와 재두루미는 또 위기를 겪게 될 것이다.
  연천군 관계자는 "율무밭마저 줄면 연천을 찾던 두루미와 재두루미가 서식지를 다른 곳으로 옮길 수도 있다"며 "율무에 대한 체계적인 연구와 홍보 등을 통해 환경을 살리고 지역을 대표하는 율무가 농가소득으로 이어질 수 있도록 최선을 다할 것"이라고 말했다.

경기 남양주

왕이 8일간 머문 마을
남양주 왕숙

정부 3기 신도시 발표로 관심
한양으로 가는 '길목'

글 **김도윤** 기자

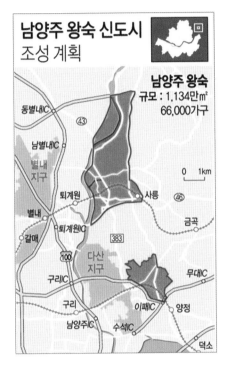

(자료 : 국토교통부)

3기 신도시 조성 계획으로 주목을 받는 경기도 남양주시 '왕숙천'王宿川 일대는 조선 시대 왕과 관련이 있는 하천이다. 남양주문화원에 따르면 '왕숙'이라는 이름과 관련해 두 가지 이야기가 전해온다.

조선 태종 이방원이 형제들을 죽이고 왕위에 오르자 아버지인 태조 이성계는 함흥으로 떠나버렸다. 이방원은 신하들을 함흥으로 보내 아버지가 돌아오도록 백방으로 노력했다. 그러나 이성계는 완강히 거절했고 아들이 보낸 신하들을 죽이기까지 했다. 심부름을 보냈는데 돌아오지 않는다는 뜻의 '함흥차사'咸興差使가 여기서 유래됐다. 이방원은 궁리 끝에 이성계의 사부 격인 무학대사를 보내 아버지를 환궁시킬 수 있었다. 이성계는 한양으로 돌아오는 길에 현재 남양주의 한 마을에서 여덟 밤팔야·八夜을 머물렀다. 이곳은 현재의 진접읍 팔야리에 해당한다. 그리고 이 마을 앞을 지나는 하천을 '왕이 자고 갔다'는 의미로 왕숙천이라고 불렀다.

또 다른 이야기로 '왕이 길이 잠든다'永宿는 뜻에서 왕숙천이라고 이름 지었다고 전해지기도 한다. 포천시 내촌면에서 발원한 왕숙천은 길이 37.8㎞로, 남양주시와 구리시를 지나 한강과 물길을 섞는다. 물줄기를 따라 포천과 남양주 경계 부근에 세조가 안장된 '광릉'이 있고 구리에는 9명의 왕이 잠들어 있는 '동구릉'이 있다. 동구릉은 태조 이성계의 건원릉을 비롯해 현릉, 목릉, 휘릉, 숭릉, 혜릉, 원릉, 수릉, 경릉 등 조선왕릉 9기에 왕과 왕비 17위가 안장된 유적이다. 2009년 유네스코 세계문화유산으로 등재됐다. 마을 주민들이 세조가 안장된 뒤 '왕숙천'이라고 불렀으며 일부는 '왕산내', '왕산천'이라고 부르기도 했다. 1861년 김정호가 만든 대동여지도에는 왕산천으로 표기돼 있다.

왕숙천 지명의 유래에서도 알 수 있듯이 남양주 진접·진건읍 일대는 서울로 가는 길목이다. 현재도 남양주를 관통하는 국도 6호선과 46호선, 47호선이 서울로 향해 뻗어 있다. 남양주에 조성될 3기 신도시는 진접·진건읍 일대 왕숙 1지구와 조금 떨어진 양정동 일대 왕숙 2지구로 나뉜다. 왕숙천은 왕숙 1지구의 젖줄이다.

왕숙천은 1980년대 초 인구가 늘면서 각종 폐수로 오염됐다. 하천이 범람해 많은 주민이 급류에 휩쓸리는 등 큰 피해를 낳기도 했다. 그러다가 1990년대부터 하천 정화와 정비가 시작됐고 현재는 왕숙천변에 자전거도로와 조깅 코스, 운동시설, 물놀이장 등 각종 체육·편의시설이 들어서면서 주민들의 휴식공간으로 거듭났다.

왕숙천 상류부에 신도시가 조성되고 하류부에는 테크노밸리가 들어설 예정이다. 구리시와 남양주시는 2017년 11월 경기도가 추진한 테크노밸리를 공동 유치했다. 왕숙천을 사이에 둔 구리시 사노동 21만9천㎡와 남양주시 퇴계원 7만2천㎡ 등 총 29만2천㎡에

왕숙천 정화활동
벌이는 시민들

조성된다. 이곳에 미래 성장을 이끌 IT^{정보통신}·BT^{바이오}·CT^{문화}·NT^{나노} 등 지식산업단지와 주거 복합시설이 들어선다. 1만2천800명의 일자리와 1조7천717억원의 경제효과가 있을 것으로 분석됐다. 1980년대 피혁·염색 등 제조공장이 난립해 폐수를 쏟아낸 탓에 왕숙천이 몸살을 앓았지만, 첨단업종 중심의 산업단지가 조성돼 수질 오염 걱정은 없다.

왕숙천은 왕이 8일이나 머물다 갈 정도로 유서 깊은 하천이다. 시대 변화와 서울 중심의 정책으로 수십년간 관심에서 멀어졌지만 수년 안에 왕숙천을 중심으로 새로운 도시가 형성되고 첨단 산업단지가 조성되면 다시 주목받을 전망이다.

음력 10월 말, 강화 바다에 몰아치는 '손돌 추위'

뱃사공 손돌 원혼 서린 강추위 전설
신미양요 당시 몰살 조선군 원혼 삼킨 '손돌목' 바다

글 **최은지** 기자

통상 음력 10월 말이면 뱃속까지 시린 추위가 몰아닥치기 시작한다. 절기로는 첫눈이 내린다는 소설^{小雪} 즈음이다. 강화의 뱃사람들은 이때 불어오는 추위를 '손돌 추위'나 '손돌 바람'이라 부르며 배 타기를 꺼렸다. 이런 내용은 조선시대 정조·순조 연간에 활약한 학자 홍석모^{洪錫謨}가 음력 정월부터 12월까지 당시 풍속을 월별로 정리한 동국세시기^{東國歲時記, 1849} 중 '기타 10월 행사'에 다음과 같이 전한다.

"이달 20일에는 해마다 큰바람이 불고 추운데, 그것을 손돌바람[孫石風]이라 한다. 고려 왕이 바닷길로 강화도에 갈 때 뱃사공 손돌이 배를 저어 가다가 어떤 험한 구석으로 몰고 가자 왕이 그의 행위를 의심하여 노해서 명령을 내려 그의 목을 베어 죽여 잠시 후에 위험에서 벗어난 일이 있었다. 지금도 그곳을 손돌목[孫石項]이라 한다. 손돌이 죽임을 당한 날이 바로 이날이므로 그의 원한에 찬 기운이 그렇게 하는 것이라고 한다."

비슷한 내용은 홍석모와 동시대를 살다간 학자 김매순이 열양^{洌陽}, 곧 지금의 서울 일대 세시기로 정리한 열양세시기^{洌陽歲時記} 중 10월 20일 대목에도 있다.

손돌목돈대 (강화군 제공)

"강화 바다에 험난한 암초가 있어 손돌목이라 한다. 방언에 산과 물이 험난한 곳을 목[項]이라 한다. 일찍이 뱃사공 손돌이라는 사람이 있어 10월 20일에 이곳에서 억울하게 죽으니 마침내 그 이름을 따서 지명을 지었다. 지금도 이날이 되면 바람이 많이 불고 매섭게 추워 뱃사람들은 조심하고 삼가며 집에 있는 사람도 털옷을 준비하고 근신한다."

이 고장 사람들 사이에서 입으로 전해 내려오는 내용 역시 이와 비슷하지만, 훨씬 구체적이다. 고려 23대 고종이 몽골 침략을 피해 강화도로 피신하던 때였다. 강화 해협을 지키는 요새인 광성보를 지나자마자 뱃길이 막혔다. 초조해진 왕이 행차를 재촉했지만 뱃사공인 손돌은 침착했다. 그저 "지형이 막힌 듯해 보이지만 조금만 가면 뱃길이 트인다"고 아뢰었다. 고종은 자신을 붙잡아두려는 사공의 흉한 계략이라 여겨 손돌을 참수하라 명했다. 손돌은 죽음 앞에서도 조용히 뱃길 앞에 바가지를 띄우고는 바가지가 떠가는 데로만 가면 뱃길이 트일 것이라 일렀다. 결국 왕이 손돌이 가르쳐준 대로 바가지를 띄워 무사히 강화에 발을 내딛자 어디선가 거센 회오리바람이 불어닥쳤다. 비로소 잘못을 깨달은 왕이 크게 뉘우치고 말 머리를 베어 손돌 넋을 제사 지내니 그제야 풍랑이 그쳤다고 한다.

후대 사람들은 이 뱃길 목을 손돌의 목을 벤 곳이라 해 '손돌목'이라 부르고, 그의 기일인 음력 10월 20일이면 손돌의 원혼이 바람을 일으킨다 했다. 이곳은 김포와 강화도 사이의 가장 좁은 해협이다. 손돌목은 강화해협 중간쯤에 있다. 강화도가 남북으로 길게 늘어선 까닭에 이 해협은 어쩌면 바다라기보다는 큰 강처럼 보인다. 한데 하필 이 손돌목 지점에서 강화도와 맞은편 김포는 지

그재그 형태로 땅이 어긋나게 돌출했다. 이런 곳에는 거의 필연적으로 수로를 보호하며, 이를 통한 적군의 침투를 막기 위한 군사 시설이 들어서기 마련이다. 손돌목 북쪽 강화해협의 더 좁은 지점 중 김포 쪽에 그 유명한 문수산성이 위치한 것도 이 때문이다. 손돌목에는 바다를 사이에 두고 김포 방면에는 덕포진이 있고, 맞은편 강화도에는 손돌목돈대가 있다. 손돌목돈대 바로 북쪽에는 광성보라는 별도 보루 시설이 하나 더 있다. 이는 그만큼 군사적인 관점에서 손돌목 일대가 중요했다는 뜻이기도 하다. 이 지역을 무대로 하는 근대의 가장 비극적인 사건은 1871년 신미양요다. 당시 손돌목은 조선군 350여 명을 삼킨 원혼의 바다였다. 그들은 또 다른 손돌이었다.

기압 차로 냉기류 확장

손돌 추위가 냉기를 몰고 오는 시기는 기상학적으로 봐도 한반도 내륙에 강풍이 불기 시작하는 때다. 음력 10월 말 즈음이면 시베리아 고기압이 한반도로 세력을 넓히고, 적도 위쪽 북반구의 냉각된 기류가 내려오는 시기라고 한다. 김승배 한국기상산업협회 기상본부장은 "대륙 쪽에서 우리나라로 계절풍이 불어오는 음력 10월이면 말 그대로 을씨년스러운 추위가 시작된다"며 "기압이 서고동저 형태로 배치되고 두 지역 간 기압 차가 커지면서 찬 바람이 불어오게 된다"고 설명했다. 뱃사람들이 꺼리는 손돌 바람도 이같은 현상으로 충분히 설명된다. 대륙 쪽 고기압 영향으로 강풍이 불어오기 때문에 파도가 높게 일 뿐아니라 풍랑주의보도 자주 내려질 수밖에 없는 때라는 이야기다. 그래서 후대 사람들이 매서운

추위와 강풍을 이겨내며 전설을 지어냈는지도 모른다.

강화해협과 손돌목이 바라다보이는 덕포진에는 손돌묘가 남아 있다. 백성들은 충정을 지킨 그를 손돌공公이라 부르며 조선조 말까지 계속 제사를 지냈다. 1977년에는 인근 주민들이 묘비를 세우고 치산治山해 묘를 재단장했다.

그렇다면 손돌 전설은 어떻게 해서 생겨났을까. 국어학자 이기문 서울대 명예교수는 전설의 뿌리를 파헤쳤다. 그에 의하면 손돌이라는 사람에게서 손돌목이라는 지명이 생겨난 것이 아니라, 외려 이 이야기는 지명에서 발전했다고 말한다. 원래 이곳 지명이 손돌이었고, 그에 착안해 사람들이 이런 전설을 만들어냈다는 것이다. 그 근거로 고려사 이승휴李承休 열전의 한 대목을 든다. 당시 몽골 침략을 받고 대책에 부심하던 고려 조정에 이승휴는 다음과 같은 방책을 제시한다.

"적이 착량^{窄梁}을 통과하는 것을 기다렸다가 반쯤 지나가면 정예병을 보내 적 선단을 가로 끊어버린 후 강도^{江都·강화도}를 굳게 지켜야 합니다. 그러면 앞서 나간 적은 고립될 것이고, 뒤처진 적은 거점을 상실해 서로 호응하지 못할 터이니 적은 격파될 것입니다."

이 교수는 여기에 나오는 '착량'이 바로 '손돌'을 한자로 표기한 것이라 주장한다. 그에 의하면 용비어천가에서 왜적이 강화 쪽으로 침입해 강화부^{江華府}와 착량의 전함을 불지르며 크게 기세를 올린 일을 거론하면서 이 착량을 손돌이라 읽었다는 것이다. 그러면서 용비어천가는 착량이 "지금 강화부에서 남쪽으로 30리가량 되는 곳"이라고 밝히기도 했다. 고려 중기에 이미 지금의 손돌목은 손돌로 일컬어졌으며, 바로 이런 지명에서 손돌이라는 가공의 인물이 만들어졌다는 것이다. 김포시는 억울한 죽음을 당한 손돌의 넋을 기리고자 매년 음력 10월 20일 손돌목에서 '손돌공 진혼제'를 지낸다.

'강화섬쌀' 생산하는 드넓은 평야는
바다였다

고려 시대부터 800년간 간척
전시 수도 강화도 식량 확보 목적

글 **홍현기** 기자

1232년^{고려 고종 19년} 7월. 고려 최씨 정권은 1차 여몽전쟁이 끝난 뒤 수도를 개경에서 강화도로 옮겼다. 수전에 약한 기마병 중심의 몽골군을 방어하는데 육지보다 섬이 유리하다고 판단해 강화 천도를 단행했다. 개경뿐만 아니라 연백·해주·파주 등의 인근 주민들도 서둘러 강화로 피난했다.

좁은 면적의 강화도에서 십여 만명이 살아야 하는 상황이 되다 보니 식량을 구하는 일이 가장 큰 문제였다. 강화도를 지킬 군인이 먹을 식량도 부족했다. 몽골군의 공격으로 전국이 폐허가 돼 공납을 기대하기도 어려웠고 물길이 막혀 식량을 강화로 옮기는데도 어려움이 있었다. 식량을 구할 길이 없던 피란민들은 야산을 개간하기 시작하면서 강화도는 점점 더 황폐해졌다.

당시 정권은 식량 문제의 해답을 '간척'에서 찾았다. 바다를 메워 만든 땅에서 식량을 생산해보기로 했다. 인천 강화도에 드넓은 평야가 만들어진 것은 이때부터다. 간척으로 강화도는 국내에서 4번째로 큰 섬으로 확대됐다. '고려사절요'를 보면 1256년^{고종 43년} 군량을 충당하기 위해 군사 요지에 설치한 토지를 일컫는 둔전^{屯田}을 만들었다고 적혀 있다. 이 둔전의 위치는 현재 강화도 송해면·선원면·불은면 일원이다. 고려사절요에는 "제포^{梯浦}와 와포^{瓦浦}를 방축해 좌둔전^{左屯田}을 만들고, 이포^{狸浦}와 초포^{草浦}를 방축해

우둔전右屯田을 만들도록 하라고 지시했다"고 기록돼 있다.

　조정은 전쟁이 끝난 뒤에도 수도와 가까우면서 외세의 침략에
맞서 싸울 수 있는 강화도에 식량을 생산할 수 있는 간척지를 늘

　　　　　　　　　　　　　　　　　　　　　인천 강화

인천 강화도 평야
(강화군 제공)

리고 싶어했다. 일종의 학습효과다. 강화도에서 가장 큰 간척지인 강화군 망월리 구하리 일원에 평야가 생긴 것도 여몽전쟁 이후 고려 공민왕 시절이다. 조선 시대에도 임진왜란이 끝난 뒤 강화에서

'강화섬쌀' 생산하는
드넓은 평야는 바다였다

65

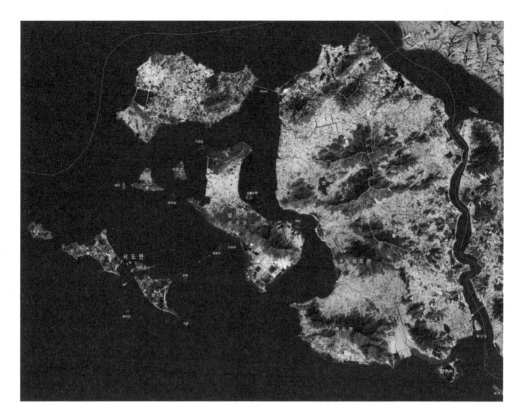

강화도·석모도 위성 지도 (강화군 제공)

대규모 간척사업이 시작됐다는 기록이 있다. 조선 후기에는 11만명을 동원해 '선두포언'船頭浦堰이라는 이름의 제방을 쌓아 제방 안쪽을 육지로 만드는 공사가 추진되기도 했다. 제방을 쌓아 갯벌을 막은 뒤 제방 안쪽을 육지화하는 방식이다.

간척이 진행되는 800여 년 동안 강화도의 지도는 변화했다. 간척으로 섬과 섬이 연결되기도 했다. 단군왕검이 제사를 지냈다는 참성단塹星壇이 있는 마니산도해발 469m 강화도 옆 '고가도'古加島라는 섬에 있다가 간척이 진행되면서 강화에 속하게 됐다.

선두포언 공사 당시
세워진 선두포축언시말비
(강화역사박물관 제공)

인천 강화

강화도 평야에서 재배된 벼 (강화군 제공)

최영준 고려대 명예교수가 쓴 '강화지역의 해안저습지 간척과 경관변화'라는 제목의 논문을 보면 강화도 전체 면적 424km^2의 30%가 간척지라는 조사결과도 있다. 최 교수는 "강화지역의 해발 10m 이하 광활한 평지는 대부분 간척사업으로 이뤄진 인공평야"라고 했다.

간척으로 만들어진 평야에서는 지금도 연간 5만t에 달하는 '강화섬쌀'이 생산되고 있다. 강화군 관계자는 "사면이 바다로 둘러싸여 있는 강화에서 해풍을 맞고 자란 강화섬쌀은 다른 지역 쌀보다 밥맛이 좋다"고 말했다. 이어 "강화는 밤낮의 기온 차 또한 전국 어느 곳보다 뚜렷해 곡식의 상품성을 높이는데 결정적인 역할

을 하고 있다"며 "모든 농업용수도 지하수나 빗물로 오염되지 않
아 농산물의 품질이 뛰어나다"고 설명했다.

인천 강화

강화도 평야에서 수확되는 벼 (강화군 제공)

'강화섬쌀' 생산하는
드넓은 평야는 바다였다

69

인천 부평구

인천 한복판서 '은 나와라 뚝딱',
사라진 광산

1930년대 초 첫 채굴, 한때 전국 은 생산량 60% 차지
최대 호황 누리다 경영난으로 폐광

글 **최은지** 기자

부평은광의 현재 모습 (부평문화원 제공)

인천 한복판에서 은을 캐던 때가 있었다. 불과 30여 년 전인 1987년까지 명맥을 이어 온 '부평은광'銀鑛 이야기다. 비록 광산은 문을 닫았지만, 아직도 그 흔적은 곳곳에 남아 있다. 부평 인천 가족공원 초입에서 왼쪽으로 조금 들어가면 지금은 닫힌 갱도가 나온다. 바로 옛 부평은광으로 들어가는 입구다.

한때 전국 은 생산량의 60%를 차지할 정도로 큰 규모였던 이 광산의 역사는 1930년대까지 거슬러 올라간다. 부평문화원이 펴낸 부평은광 자료집에 따르면 1937년 12월 '부평광산이 첫 채굴에 들어갔다'는 소식이 관보에 실렸다. 당시 인천상공회의소 이사를 지낸 일본인 후지타니 사쿠지로가 광산 출원 허가를 내고 사업을 시작했다.

은을 품은 광산의 넓이는 광활했다. 당시 광산은 만월산 일대와 주변 법성산 인근까지 무려 300만여 m^2 91만9천평에 달했다. 초기 은 채광량에 대한 자료는 현재 남아 있지 않아 알 수 없지만, 채굴 여건이 열악해 많지는 않았을 것으로 추정된다.

　부평은광에서 본격적인 은 채굴이 시작된 건 1965년께였다. 경인철광주식회사가 광산을 운영하기 시작한 때와 맞물린다. 경인철광회사는 당시 최기호 영풍기업 사장이 부평 만월산 광산 개발을 위해 세운 자회사였다. 이 회사가 국립지질조사소^{현 한국지질자원연}구원와 벌인 지질 조사는 부평은광의 진정한 가치를 확인하는 계기가 됐다. 부평은광은 금이나 동을 캐면서 은이 딸려 나오는 형태의 다른 광산과 달리 은만 주로 채굴되는 광산으로서 그 의미가 컸다. 은이 묻힌 규모도 국내 최대였다.

　특히 1970년대 은 수출이 급증하면서 부평은광은 그야말로 호황기를 맞았다. 1978년 8월 29일자 매일경제에는 '은값 상승으로 중간 상인들만 많은 이익을 취하는 걸 막기 위해 정부가 공매제도를 부활시켰고 은은 g당 92원에서 140원으로 판매 가격이 올랐다'는 기사가 실렸다. 은 수출량 증가에 은값 상승이 맞물린 것이다. 이때 부평은광은 연간 은 3만5천kg을 생산해 국내 전체 은 생산량의 50% 이상을 차지했다.

　정부가 주요 광산에만 지원하던 갱도 건설 자금이나 탐광 자금 등 각종 수혜도 부평은광에 쏠렸다. 민가 2채만 있을 뿐 황량하기 짝이 없던 광산 주변에도 인부가 몰리는 '골드러시' 현상이 발생했다. 주변 도시에서도 광산에서 일하려는 노동자들이 유입됐다. 광산 노동자들 사무소는 지금의 부평구 간석동·만수동·부평동에 자리 잡았다. 선광장·변전실·사무실·창고·화약고 등 각종 부대시설 인근에 있던 지역상권도 자연스럽게 발달했다. 부평은광이 최대 생산량을 기록한 1970년대 중반 광산에서 일하는 직원은 약 500명에 달했다. 폐광 전까지 부평광산에서는 총 400만t을 채광해 50만kg에 달하는 은 정광을 생산해냈다.

그러나 흐드러지게 핀 꽃이 지듯 부평은광의 호황도 쇠락을 맞았다. 광산을 운영하던 영풍기업은 1984년부터 3년 내리 적자를 기록했다. 이후 끝내 경영난을 이기지 못하고 1987년 부평은광을 처분했다. 일자리를 찾으러 광산으로 왔던 노동자들도 썰물처럼 빠져나갔다. 한때 가장 흥성했던 부평은광 주변은 낙후한 원도심으로 변했다.

광산의 주요 작업장이었던 영풍기업 사무소 부지에는 1990년대 이후 아파트가 들어섰다. 갱도 입구는 인천가족공원으로 탈바꿈했다. 인천시는 역사 속으로 사라진 부평은광을 새로운 관광 명소로 조성하는 계획을 추진하고 있다.

부평은광 갱도 입구로 추정되는 부분 (위, 인천시 제공)
부평은광 터에 자리 잡은 인천가족공원 (아래, 인천시 제공)

인천시 관계자는 "1990년대 초반 광산 갱도가 무너진 적이 있어서 안전성 여부를 우선 검토하고 있다"며 "남아 있는 은광의 역사성을 재조명해 관광자원으로 재활용할 수 있도록 다양한 계획을 세우고 있다"고 말했다.

한국 짜장면 '탄생지'
인천 차이나타운

1910년대 최초 중국음식점 '공화춘'
박물관으로 재탄생

글 **손현규** 기자

2017년 개봉한 영화 '대장 김창수'는 1896년 황해도 치하포에서 일본인을 살해한 혐의로 체포된 주인공을 다룬 이야기다. 배우 조진웅이 연기한 김창수는 훗날 임시정부의 지도자가 된 백범 김구다. 영화 속 김창수는 살인 혐의로 체포된 이후 인천 감리서^{감옥소}에서 수감 생활을 하며 강제노역에 동원된다. 경인선 철도 건설 현장이었다. 이 장면에서 그는 동료 재소자들과 함께 경인선 철로 옆에서 젓가락을 이용해 짜장면을 먹는다. 재소자들은 처음 맛보는 신기한 음식에 감탄을 금치 못한다.

영화 속 배경인 인천과 중국에서 건너온 한국식 음식 짜장면은 떼려야 뗄 수 없는 관계다. 한국식 짜장면이 처음 만들어진 곳이 인천이기 때문이다.

인천 차이나타운 한 업소의 짜장면.

1882년 임오군란 시기 조선에 파견된 청나라 군대의 군용품을
조달하기 위해 중국 상인 40여명이 한반도로 들어왔다. 그해 8월
'조청상민수륙무역장정'이 체결되면서 중국 상인들은 조선 정부
와 민간인을 상대로 장사할 수 있게 됐다. 이후 많은 중국 상인

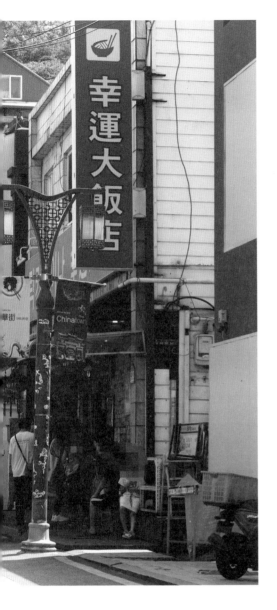

인천 차이나타운에는 짜장면의 탄생을 알 수 있는 짜장면 박물관, 한국과 중국의 전시·공연을 관람할 수 있는 한중 문화관 등이 있다.

화교들이 몰려왔고 인천에만 230여 명이 머물렀다.

1884년 현재 인천시 중구 선린동 일대 구릉 지역에 5천평약 1만7천㎡ 규모의 청국 조계지租界地가 설정된 이후에는 인천으로 이주한 화교가 더 늘었다. 치외법권이 인정되는 청국 조계지 내에서 무역 활동뿐 아니라 부동산도 소유할 수 있었기 때문이다. 이 시기 제물포항에서 일하는 부두 노동자도 중국에서 대거 들어왔다.

중국에서 건너온 짜장면

1900년 인천 지역 화교는 2천200여 명까지 증가했다. 화교 집단 거주지인 인천 차이나타운이 형성된 것도 이 시기였다. 주로 중국 산둥성山東省 출신이 90%가량인 이 화교들은 값싸게 먹을 수 있는 고향 음식으로 짜장면을 즐겼다. 한자로는 작장면炸醬麵으로 표기하는데 중국식 발음이 짜장면이어서, 이게 그대로 한국에 전해진 것이다. 원래 발음은 자장면

이지만 경음화 현상이 널리 퍼져 짜장면이라는 말
도 같이 표준어로 인정되고 있다.

짜장면은 현재도 산둥성을 포함한 중국 북방지
역과 대만에서도 같은 이름과 비슷한 제조방식을
통해 판매되고 있지만, 맛은 우리와 조금 다르다.
짜장면은 중국식 된장인 춘장에 캐러멜 색소와 돼
지고기 등을 추가하는 등 변화 과정을 거쳐 지금
의 모습과 맛으로 진화했다.

돈을 벌기 위해 한국 인천에 온 산둥성 화교들
이 고향 생각이 간절할 때 많이 요리해 먹던 짜장
면은 이제 한국인들의 국민음식이 됐다.

산둥지방 장인이 지은 중국식 건물

100여 년 전인 1910년대 짜장면을 처음 개발해
판매한 것으로 알려진 '공화춘'共和春도 차이나타
운에 있었다. 중국 산둥지방 출신인 우희광 선생
이 22살의 젊은 나이인 1900년대 초반 '산동회관'
山東會館이라는 상호로 첫 영업을 시작했다가 1911
년 1월 청나라가 중화민국으로 바뀌면서 공화춘
으로 간판을 바꿨다. 공화춘은 인천 차이나타운을
대표하는 중국 음식점으로 호황을 누리다가 1983
년 문을 닫았다.

2층 건물로 69평228㎡ 규모인 공화춘은 중국 산
둥지방 장인이 참여해 지은 중국식 중정형中庭型

인천 중구

인천 짜장면박물관

1912년 처음 짜장면을 만들어 팔기 시작한 '공화춘'을 개조해 박물관으로 조성했다. 지상 2층 규모로 1층에는 1960년대 공화춘 주방의 모습을 고스란히 재현하고 짜장면을 만드는 전 과정을 보여준다.

건축물이다. 외부는 벽돌로 마감하고 내부는 다양한 문양과 붉은 색을 사용해 화려하게 꾸몄다. 공화춘은 눈목자目형 건축물로 앞뒤에 '일一자형' 건축물이 있고 그사이 공간에 4개의 건축물이 연결된 것이 특징이다.

2006년 인천시 등록문화재로 지정된 공화춘 건물은 2010년 인천시 중구가 매입했다. 근대건축문화유산인 공화춘은 리모델링을 거쳐 2년 뒤인 2012년 4월 짜장면 박물관으로 재탄생했다. 모두 7개 전시실로 꾸며진 짜장면 박물관은 인천항 개항기·일제강점기·해방·산업화 시기 등 시대별로 짜장면과 관련된 사회·문화상을 유물과 모형 등을 통해 한눈에 살필 수 있다. 1960년대 공화춘 주방의 옛 모습도 재현돼 있다.

백두대간 허리
하늘 아래 첫 동네 '안반데기 마을'

1965년 화전민이 개간
가슴 뻥 뚫리는 '국내 최대 고랭지 채소단지'

글 **박영서** 기자

하늘 아래 첫 동네 '안반데기 마을' (강릉 왕산면사무소 제공)

끝이 보이지 않을 만큼 한 눈에 담을 수 없이 드넓은 채소밭. 국내 배추 생산량의 절반가량을 차지해 서민 밥상을 책임진다고 해도 과언이 아닌 곳. 하늘 아래 첫 동네, 강릉시 왕산면 대기4리 '안반데기' 마을이다. 해발 1천100m 태백산맥 험준한 산 능선의 안반데기는 그야말로 산이 배추밭이고, 배추밭이 곧 산이다.

안반데기라는 이름은 떡메로 반죽을 내리칠 때 쓰는 오목하고 넓은 통나무 받침판 '안반'에 평평한 땅을 뜻하는 우리말인 '덕'을 붙이고, 여기에 영화 '웰컴 투 동막골'로 친숙해진 강릉사투리가 더해져 만들어졌다. 안반데기는 고루포기산1천238m과 옥녀봉1천146m을 잇는 해발 1천100m 능선에 있다. 안반데기의 행정지명인 대기리는 큰 터가 자리하고 있어 '한터', '큰터', '대기'라 불렸다고 한다.

구름과 마음의 쉼터, 안반데기 운유길

조선 후기 인문지리지인 '여지도서'에도 '대기'가 기록돼 있는데, 이때의 대기리는 구정면 지역이었으며 1916년 20여 개의 마을을 합친 후 대기리라 칭하고 상구정면에 편입, 상구정면이 왕산면으로 개칭되면서 '왕산면 대기리'가 됐다. 대기리는 처음엔 3개리뿐로 구성됐으나 1965년 화전민들이 농지를 개간해 감자, 채소를 심고 마을을 형성하면서 4개 리가 됐다. 그렇게 대기4리는 안반데기 마을이 됐다.

안반데기는 경사가 가파른 탓에 기계를 이용한 농사가 불가능해 농부의 힘과 노력이 고스란히 묻어 있는 전형적인 농업지역이

속이 꽉 찬
고랭지 배추

다. 화전민들은 수십m 아래로 굴러떨어질 수도 있는 가파른 비탈에서 곡괭이와 삽, 소를 이용해 밭을 일구어냈다.

1995년에는 대를 이어 밭을 갈아 낸 28가구 안반데기 주민들이 땅을 정식으로 매입하면서 실질적인 소유주가 됐다. 척박했던 땅은 축구장보다 280배나 큰 200만m²에 이르는 풍요로운 밭이 됐다. 안반데기 배추는 최고등급으로 인정받으며 국내 배추시장의 48%를 차지해 밥상물가에도 큰 영향을 미친다.

주민들은 매년 5월 마을을 수호하는 성황지신과 척박한 땅에서 풍요로운 수확을 염원하는 토지지신, 마을의 건강과 안녕을 기원하는 안반데기만의 지신인 여력지신에게 성황제를 올린다.

안반데기는 고지대 특성상 봄은 늦게 오고 겨울은 일찍 찾아온다. 능선을 끼고 넓게 펼쳐진 대지에는 계절마다 독특한 풍경이 펼쳐진다. 봄에는 호밀초원, 여름엔 감자 꽃과 고랭지 채소, 가을에는 산야의 단풍, 그리고 겨울에는 하얀 설경이 감탄을 자아낸다. 농사를 위한 경작을 하고 있지만 그 모습은 여느 관광지만큼이나 아름답고 경이롭다.

겨울이면 일부 주민은 많은 눈과 혹한으로 생활이 불편해 이곳의 집을 떠나 강릉 시내에서 생활하기도 한다. 예전 어르신들은 대기리에 산다고 하면 '산골하고도 산골에 산다'고 했을 정도로 오지 산골마을로 유명했다. 하지만 415번, 410번 지방도와 35번 국도 등 연결도로망 확충으로 강릉, 정선, 동해, 태백, 평창으로의 교통이 편리해지며 산골 마을은 옛말이 됐다.

이제는 사계절 많은 이들이 찾는 '힐링의 고장'이다. 계절따라 피는 각종 고산식물과 다양한 야생화, 자연 그대로 마실 수 있는 맑은 물이 흐르는 계곡이 있는 울창한 산세, 끝이 보이지 않는 넓은 채소밭은 상념과 번민을 깨끗이 사라지게 한다. 사진 좀 찍는

눈 속에 묻혀 있는 안반데기

구름도 머물다 가는 안반데기의 봄

강원 강릉

사람치고 안반데기를 찾지 않은 사람이 없을 정도다.

안반데기에는 농사뿐 아니라 관광을 즐길 수 있는 숙박시설과 부대시설도 있다. 강릉시는 2010년부터 7억500만원의 예산을 들여 화전민들의 개척정신을 계승하기 위한 사업에 나섰다. 화전민의 고단한 삶과 애환이 담긴 생활상을 엿볼 수 있는 안반데기 사료전시관을 짓고 화전민이 생활하던 귀틀집을 복원한 운유촌을 만들었다.

특히 멍에전망대는 주변 절경은 물론 강릉시와 동해가 한눈에 내려다보여 일출명소로도 손색없다. 자연이 연출하는 풍경도 아름답지만 척박한 땅을 일궈낸 화전민의 땀과 노력을 생각하면 절로 경건해진다. 한낱 드넓은 배추밭으로만 여겨졌던 안반데기의 풍경이 노동의 신성함으로 다가온다.

모정으로 쌓은 3천 개 돌탑 장관

안반데기 마을 남쪽에는 신라의 설총과 조선의 율곡 선생이 공부한 노추산과 사달산이 있는데, 특히 노추산은 수능과 취업 시즌이면 자녀의 합격을 기원하는 부모의 발길이 끊이질 않는다. 애틋한 사연을 간직한 '모정母情탑'이 있기 때문이다. 모정탑은 가정의 평안을 기원하며 26년간 고故 차옥순씨가 쌓은 3천 개의 돌탑이다. 백두대간 첩첩산중에 쌓은 이 돌탑은 대기리에서 노추산 계곡을 따라 900m 정도 들어가면 나온다.

서울에서 강릉으로 시집온 차씨는 율곡 이이의 정기가 살아 있는 노추산 계곡에 움막을 지어놓고 1986년부터 무려 26년 동안 가정의 평안을 기원하며 정성을 다해 탑을 완성했다. 탑을 쌓게 된

수능·취업 시즌을 맞아 발길 이어지는 모정탑

계기는 현몽現夢이었다. 4남매 가운데 아들 둘을 잃고 남편은 정신
질환을 앓는 등 집안에 우환이 끊이지 않던 어느 날 꿈속에 산신
령이 나타났다. 계곡에 돌탑 3천 개를 쌓으면 집안에 우환이 없어
진다는 꿈을 꾼 차씨는 탑을 쌓기 시작했다.

　여자의 몸으로 혼자 탑을 쌓았다는 게 눈으로 보고도 믿기지 않
을 정도로 탑은 오랜 세월에도 흔들림 없이 신비한 기운을 간직하
고 있다. 입구는 아름드리 소나무가 울창하고 가을이면 울긋불긋
단풍이 수많은 탑과 어울려 장관이다. 수를 헤아릴 수 없는 돌 하

나하나에 스며든 정성과 그의 사랑만큼이나 진하게 물든 단풍이
어우러져 아름다운 풍광을 연출한다.

모정탑길은 2018 평창동계올림픽 개최도시 평창·강릉·정선을
잇는 9개 트레킹 코스 '올림픽 아리바우길'에 포함된다. 그냥 산골
마을이라 하기엔 푸름이 눈부시게 아름다운 백두대간의 허리인
안반데기에서 자연과 우리네 먹거리를 귀히 여기는 사람들이 살
아간다.

북한강·소양강 만나는
'호반의 도시' 춘천

의암댐으로 생긴 인공호수가 생활지형 바꿔
댐 철거 논란 거쳐 관광자원

글 **이상학** 기자

강원도 춘천이라고 하면 대뜸 '호반의 도시'를 떠올리지만, 이런
별칭은 그 역사가 그리 길지 않다. 춘천은 원래 호반의 도시와는
거리가 멀었다. 50여년 전인 1967년 11월 근대화의 상징인 의암
호 준공이 그 출발점이 됐다. 금강산에서 발원해 쉼 없이 계곡을
내달린 북한강은 설악산과 오대산에서 출발한 소양강과 춘천에서
만난다. 두 강줄기는 의암댐 축조로 그 물길이 막혀 거대한 인공
호수를 만들었다. 그렇게 춘천은 호반의 도시가 됐다.

지금의 춘천에는 의암댐 말고도 1965년 2월 북한강 상류 유역
을 막아 완공한 춘천댐과 1973년 10월 준공한 소양강댐이 있다.
이 두 댐은 1995년 정부의 도농 통합 정책에 따라 통합 춘천시가
탄생하기 전까지는 춘성군에 속해 있었다. 통합 춘천시의 탄생은
호반의 도시라는 춘천의 이미지를 더욱 강하게 했다. 의암호 이전
춘천은 호수가 없던 강 마을이었다.

이중환은 '택리지'擇里志에서 평양과 더불어 수계에 자리 잡은
고장 가운데 가장 살기 좋은 곳으로 춘천을 꼽았다. 그만큼 춘천
은 오래전부터 수향水鄕의 고장으로 알려졌다. 춘천은 그렇게 영
서북부지역의 중심도시로 발전해 왔다. 북한강을 통한 문물과 산
품의 집산이 그 힘이었다. 춘천의 역사를 집대성한 춘추지와 춘천
수부 100년사는 사실상 '강의 역사'다. 상류 화천구간 물길은 옛

지명을 딴 낭천강으로, 춘천구간은 구간별로 모진강, 장양강, 소양강, 신연강으로 달리 불렸다.

1910년 지도를 보면 사람과 문물을 도시로 이어주던 나루 20여 곳이 있었고, 이들 나루가 곧 마을이었다. 댐 건설 후 나루는 하나둘 사라져 현재는 그 흔적만 남았다. 나루가 많았다는 것은 교류와 교역이 활발했다는 의미다. 춘천 옛 강의 폭과 깊이는 어느 정도였을까.

소설가 전상국 강원대 명예교수는 "소금배와 뗏목이 소양강을 거쳐 남한강과 합류하는 양평까지 오간 것으로 보여 춘천의 강 크기는 적지 않았던 것으로 보인다"고 말했다. 당시 한양에서 춘천으로 오는 육로는 벼랑길이어서 물길 교통이 훨씬 많았을 것으로 보인다.

150명 박사 배출한 서면 박사마을

강줄기 서쪽에 자리 잡아 시내로 가려면 배가 유일한 교통수단이던 춘천 서면 주민들에게서 강마을 생활의 단면을 엿볼 수 있다. 서면은 박사 학위자를 현재까지 150명 넘게 배출해 박사마을로 유명하다. 의암댐이 건설되기 전 서면 주민들은 나룻배로 북한강을 건너 중도中島에 도착해 다시 소양강을 건너 시내로 들어가야 했다.

마을 촌로는 "부모가 농산물을 팔기 위해 시내 새벽시장에 배를 타고 오가는 고단하고 억척스러운 모습을 지켜보며 향학열이 남달랐다"고 기억했다. 강 건너편 번창한 시내는 '선망의 대상'이었고, 학창시절 배를 타고 학교를 오가며 책을 많이 읽었다는 것

춘천시 서면 박사마을 선양탑

이다. 가난을 대물림해주지 않겠다는 부모의 헌신적인 자식 뒷바라지에 늘 진흙탕 자국이 따라붙었다. 그런 연유로 "발등이 시꺼먼 사람들은 서면 출신"이라는 웃지 못 할 말까지 듣고 살았다.

향토학자들은 예부터 서원이 있어 학문에 열중한 유생이 많았던 역사적 배경이나 해가 빨리 뜨는 탓에 부지런함이 몸에 뱄다는 지리적 영향이 이런 향학열을 만들었다고 말하곤 했다.미국에서 1963년 의학박사 학위를 딴 송병덕씨가 서면 출신 박사 1호다. 유엔총회 의장이자 국무총리를 역임한 한승수씨는 3호

설국을 질주하는 경춘선 복선전철

박사로 유명하다. 박사 명단은 1999년 마을 도로변 세운 '박사마
을 선양탑'을 빼곡히 채웠다.

  강변 정자에서 본 풍경은 춘천십경 중 하나였을 만큼 수려했으
나 댐과 함께 가뭇없이 수몰됐다. 반짝거리던 모래나 어머니의 빨

데칼코마니 의암호 래터, 할머니가 모래찜질하던 드넓은 백사장으로 기억되던 강의 서정은 사라졌지만 나팔바지 차림의 통기타를 둘러맨 청춘의 발 길이 경춘선 마지막 여행지인 의암호로 향하면서 춘천은 낭만과 추억의 도시가 됐다.

북한강·소양강 만나는
'호반의 도시' 춘천

1939년 7월부터 운행한 경춘선은 군병력과 군수물자를 실어 나르는 전선戰線 역할을 하다가 의암호가 생기면서 관광열차가 됐다. 수많은 젊은이가 호수에 그 시대와 그들만의 이야기를 남겼다. 의암호 수면에 비친 산자락과 오버랩하는 데칼코마니는 전국의 사진 애호가를 열광하게 했다.

해질녘 의암호

강에서 뿜어낸 다량의 수증기가 도시 전체를 잠식하기 시작했으니, 안개도시라는 별칭도 의암호 등장과 함께 비로소 만들어졌다고 봐도 틀리지 않다. 강과 안개가 뿜는 몽환적인 새벽강 풍경은 호반의 도시를 대변했고, 저물녘 물안개는 수많은 문학청년의 감수성을 자극했다.

전상국, 이외수, 한수산 등 수많은 문인이 안개도시 춘천을 작품의 배경으로 삼은 것도 이 때문일 것이다. 춘천은 의암댐 준공과 함께 호반의 도시를 표방했다. 그 마케팅의 첫 시도로 노랫말을 공모해 발표된 곡이 이미자가 부른 '춘천댁 사공'이다.

그러나 춘천은 반세기 가까운 세월이 지나도록 호수, 막국수, 닭갈비 관광에서 벗어나지 못한 점도 있다. 또 갇힌 물길은 차츰 도시가 커지면서 썩어갔다. '8할이 똥물'이라는 오명에 이중 삼중의 규제까지 더해졌다. 수도권 수돗물 공급 수원인 상수원을 보호하기 위한 조치 때문이다.

중도에 레고랜드 테마파크 추진

강원도와 춘천시는 호수 한가운데 있는 중도에 레고랜드를 만들어 도시개발의 기폭제로 삼기로 했다. 중도는 북한강과 소양강이 합류하는 삼각주로 흙이 쌓여 군부대 기동훈련이 가능할 정도의 광활한 황무지를 이뤘다. 유재춘 강원대 사학과 교수는 "조선시대 지도를 보면 옛날 중도는 육지와 붙어 있었다"며 "의암댐이 만들어지면서 온전한 섬이 됐다"고 말했다. 야유회와 야영장 명소로, 한류 드라마 '겨울연가'와 영화 촬영지로 대중의 사랑받던 중도는 레고랜드 사업을 위해 2012년 7월 폐쇄됐다.

레고랜드 건설이 추진되고 있는 중도의 전경

중도 유적지 발굴

강원 춘천

중도에 들어설 레고랜드는 의암호를 중심으로 한 미래 춘천 관광의 성장동력이 될 것이라는 기대와는 달리 수년째 허허벌판이다. 땅을 파기만 하면 청동기 시대 유물이 줄줄이 나왔기 때문이다. 호수 한가운데 선사의 기억이 온전이 남아 있으니 춘천은 말 그대로 물의 도시인 셈이다. 사업이 지연되는 동안 많은 우여곡절을 겪었다. 최근 영국 멀린사의 직접 투자 방식으로 바뀌는 등 많은 변화를 겪고 있지만, 향후 반세기 호수 문화를 이을 대안으로 기대하는 주민이 적지 않다. 의암호를 순환하는 유람선과 삼악산 케이블카 운행은 레고랜드 기대와 맞물려 있다. 춘천의 미래 모습이 의암호에 집중돼 있다고 해도 과언이 아니다.

　　의암댐은 한때 철거 논란에 휩싸이기도 했다. 1998년 환경부가 한강수계 상수원 수질개선 대책을 발표하자 댐을 철거하자는 지역사회가 요구가 터져 나왔다. 앞서 1992년 의암댐의 하천점용허가 기간이 만료됐을 때도 철거 찬반 논쟁이 불거졌지만 호반의 도시라는 관광경제적 가치가 논란을 잠재웠다. 춘천시 관계자는 "호반의 도시라는 점이 댐을 존치하는데 영향을 미친 것으로 알고 있다"며 "인공호수로 인한 득실을 따지는 것은 어렵겠지만, 자연 그대로의 천연의 강의 모습을 그리워하는 주민도 적지 않다"고 말했다.

강원 삼척

해학·웃음 넘치는 여행지
삼척 해신당공원

동해안 유일 남근목 봉헌제 전승 신남마을
수백만 명 찾은 테마 조각공원 눈길

글 **배연호** 기자

삼척 해신당공원 (삼척시 제공)

강원도 최남단 바닷가 언덕에 이색공원이 하나 있다. 삼척 해신당海神堂공원이다. 아직은 공개적으로 이야기하기에 다소 불편한 '성'性을 테마로 한 공원이다. 그래서 '19금 여행지'로 불리기도 한다. 우뚝 솟은 대형 '남근'男根 조형물을 보고 당황하는 관광객이 많다. 그러나 인기는 여전하다. 2018년에만 20만명 넘게 찾아왔고, 2002년 7월 개장 이후 누적 방문객 수는 400만명을 넘었다.

삼척 해신당공원은 신남마을의 남근숭배 민속을 배경으로 탄생했다. 신남마을은 동해안에서 유일하게 나무로 만든 남근을 바다에 바치는 마을이다. 신남마을의 '남근목 봉납 해신제'는 가슴 아픈 사건으로 시작됐다. 아주 오래전 신남마을에 살던 늙은 아버지와 딸 애랑의 이야기다.

이들은 마을 앞 바위섬에서 딴 해초를 팔아서 살았다. 사건이 발

생하던 날도 아버지는 애랑을
배에 태워 바위섬으로 갔다.
바위섬에 내린 애랑은 아버지
가 데리러 올 때까지 열심히
해초를 땄다. 그런데 돌풍으
로 파도가 높아지기 시작했
다. 애랑은 마을을 향해 "살려
달라"고 소리쳤지만, 아버지
는 높은 파도 때문에 배를 띄
우지 못했다. 파도는 점점 거
칠어졌고, 결국 바위섬을 삼

삼척 해신당 애바위 (삼척시 제공)

켰다. 애랑도 파도와 함께 바닷속으로 사라졌다. 마을 사람들은 애
랑이 "살려고 애쓰다 죽었다"며 바위섬 이름을 '애바위'로 불렀다.

문제는 애랑이 죽은 후 발생했다. 고기가 잡히지 않았다. 고기
를 잡으러 바다에 나갔다가 풍랑을 만나 돌아오지 못하는 사고도
잇따랐다. 혼인 못 하고 죽은 애랑의 원혼 때문이라고 판단한 마
을 사람들은 애바위가 보이는 산 끝자락에 처녀신을 모셨다. 그리
고 매년 정월과 시월 두 차례 나무로 만든 남근을 바쳤다. 그러자
고기가 다시 잡혔다고 한다.

400년 역사의 신남마을 남근목 봉헌제는 이렇게 시작됐다. 신
남마을 남근목은 1999년 죽서제현재 삼척정월대보름제에서 '남근목 깎
기대회'라는 이색행사로 세상에 모습을 드러냈다. 당시 길이 3m
크기의 대형 남근목 깎기대회는 국내 언론은 물론 AP, 로이터, 월
스트리트저널 등 유명 외신들까지 현장 취재에 나설 정도로 관심
을 끌었다.

큰 반향만큼 '성의 상품화' 등 반대 목소리도 거셌다. 삼척시는

강원 삼척

대형 남근깎기행사를 중단해야 했고, 조성 계획이던 남근공원 이름도 해신당공원으로 바꿔야 했다.

누적 관람객 400만명 '훌쩍'

중단됐던 대형 남근깎기대회는 2002년 삼척세계동굴박람회 부대행사로 다시 열렸다. 삼척시는 동굴박람회가 끝난 후 대형 남근작품들을 해신당공원으로 옮겼다. 그리고 해신당, 남근조각공원, 어촌민속관, 자연생태공원을 갖춘 총넓이 2만3천여㎡ 규모의 해신당공원을 같은 해 7월에 개장했다.

애랑의 전설이 전해지는 '해당'^{해신당}은 마을 서낭산인 해산 끝자락에 있다. 애바위가 한눈에 들어오는 곳이다. 내부에는 제단, 처녀신 초상화, 남근목 등이 있다. 어촌민속관은 동해안 어민 생활문화와 세계 각국의 성 민속문화를 볼 수 있는 전시관이다. 국내외

삼척 해신당 내부

작가의 작품 100여점이 전시된 남근조각공원은 해학과 웃음이 넘치는 곳이다. 푸른 동해를 품은 해신당공원은 그 자체가 자연생태공원이다.

삼척시 관계자는 "우리 민속문화를 역동적으로 재창조한 삼척 해신당공원은 동해안 최고 명소로 자리 잡으면서 지역경제 활성화에도 이바지하고 있다"고 말했다.

삼척 해신당

"태풍에 고향 떠나
황무지를 옥토로 바꿨다"
철원 수재민촌

'사라호' 이주민 정착촌 철원 마현1리
갈대숲에 일군 파프리카의 꿈

글 **양지웅** 기자

"물이 고마 들이치는데 저 짝에 초가집이 한참 떠내리가다 팍 쓰러지데. 지붕에 사람이 살려달라꼬 고함을 치는데 물 때매 갈 수가 있나…"

강원 철원군 근남면 마현1리 최고령 주민 정호남(85) 할머니는 60년 전 그 날이 아직도 어제 일처럼 생생하게 떠오른다. 쟁기에 뒤집힌 밭 마냥 마을을 할퀸 태풍이 그의 삶도 송두리째 흔들어놓았다. 그리움과 억척스러움이 교차하는 촌로의 눈을 통해 울진에서 철원까지 천릿길을 떠내려온 마현1리 주민들의 사연을 함께 들여다본다.

'아! 사라호', 태풍에 떠밀리듯 북상한 66가구

1959년 9월 17일 오전, 당시 24살이었던 정씨는 추석 차례를 막 지낸 후 쏟아지는 빗줄기를 걱정스레 바라보고 있었다. 비는 그칠 줄 모르고 더 세차게 내려 경북 울진군의 작은 마을을 통째로 삼켜버렸다. 물살에 휩쓸려 통째로 떠내려가는 초가집 지붕 위에서 살려달라고 외치는 사람들을 정씨는 그저 바라만 볼 수밖에 없었다. 옆집 누렁소도 슬피 "메~" 소리를 내며 홍수에 떠내려갔다.

이날 남해안에 상륙해 동해로 빠져나간 태풍은 한국전쟁의 상
흔이 채 아물지도 않은 상태에서 무려 2천여억 원의 재산 피해와
849명의 목숨을 앗아갔다. 태풍 '사라호'는 이처럼 한국 재난 역사
에 악몽으로 남았다. 당시 선박 1만1천704척이 파손되고 사망자
외에도 2천533명이 실종됐으며 이재민도 37만3천459명이나 됐
다. 정씨가 살던 울진군1963년 행정구역이 강원도에서 경상북도로 변경 기성면
과 인근 온정면, 평해면, 근남면 일원에서도 많은 주민이 태풍으
로 터전을 잃었다.

그해 혹독한 겨우살이를 한 이들에게 이듬해 초 반가운 소식이
찾아왔다. 홍창섭 당시 강원도지사가 농토 개간에 충분한 장비와

지낼 양식 지원을 약속하며 철원군으로의 이주를 권한 것이다. 농토가 있는 사람들은 다시 농사를 지으면 된다는 희망이라도 있었지만, 소작농과 날품팔이를 하던 이들은 살길이 막막했다. 봄이 시작되던 1960년 4월 3일, 울진 주민 66가구, 370명은 줄지어 선 군용트럭 20여대에 올라 평생을 살아온 고향과 작별했다.

'황무지에 던져진 삶', 맨손으로 옥토 일구다

지금은 '울진~철원'이 차로 5시간 거리^{360여km}지만, 당시 수재민들은 강릉과 화천을 거치는 굽잇길 500여km를 돌아 나흘 만에 철원군 근남면 마현1리에 닿았다. 무리 중에 만삭의 아낙네는 화천군 한 초등학교에서 딸을 순산하기도 했다.

트럭에서 내린 이들을 맞이한 것은 끝없이 펼쳐진 갈대숲이었다. 북쪽 산 정상 인근에는 남방한계선 목책이 보였고 논밭은 흔적만 남아 있었다. 전쟁 전 주민 800여명이 살았으리라고는 짐작할 수 없을 만큼 황폐해진 땅에서 이들은 군부대 천막 60여동에 기거하며 삶을 이어나가야 했다.

철원의 봄은 종종 영하권 날씨로 떨어졌다. 이주민들은 바람이 들이치는 천막 안에서 가마니를 깔고 군부대에서 지원한 담요 한 장에 의지해 한뎃잠을 청했다. 남쪽에서 살다 온 이들은 생전 처음 듣는 대북·대남방송, 포사격 소리로 불안함에 떨었다.

이윽고 4·19 혁명이 일어나 민주화의 싹이 전국에 돋아났지만, 마현리의 봄은 더 멀어져 버렸다. 강원도지사가 바뀌면서 그가 책임진 약속들이 허공에 날아가고 이주민과 관련된 문서들도 다 사라져버린 까닭이다. 약속받은 장비와 식량은 없었지만, 황무지

에 던져진 이들은 맨손으로 갈대를 뽑으며 논밭을 일궈갔다. 1가
마^{80kg}를 빌리면 1년 뒤 5말^{40kg}을 얹어 갚아야 하는 보리쌀로 배
를 채우며 고리를 꾸어 소를 장만해 버려진 땅을 개간했다.
　마현리 일대는 한국전쟁 격전지로, 땅을 갈아엎다 보면 탄피들

이 여기저기서 나왔다. 탄피 4kg에 보리쌀 3말로 수입이 여간 아니었다. 하지만 이것을 장에 내다 팔기가 문제였다. 인근 와수리 장터로 가려면 검문을 거쳐야 하는데 군인들에게 걸리기라도 하면 낭패를 보기 일쑤였다. 그 때문에 아낙네들이 아기를 둘러맨

마현1리 전경

"태풍에 고향 떠나
황무지를 옥토로 바꿨다"
철원 수재민촌

보자기 속에, 속곳과 젖싸개 안에 탄피를 꼭꼭 숨겨 검문을 피했다. 이주민들은 이토록 던져진 삶을 처절하게 견뎌내며 갈대밭을 옥토로 바꿔갔다.

'내 땅이니 내놔', 특별조치법에 다시 뺏긴 땅

아침에 집을 나서 밤늦도록 산을 깎아 논밭을 만들며 농부다운 삶을 영위하게 된 이주민들은 1979년 정부의 대대적인 '민북지구 취락구조 개선사업'으로 '정착민'으로서 살아가기 시작했다. 하지만 안정된 삶도 잠시, '토지 분쟁'이 불거졌다. 주민들은 정부를 믿고 전후 황

강원 철원군 근남면 마현1리에 정착해 황무지를 일군 이주 1세대 어르신들.

무지를 비옥한 농토로 개간했지만, 땅 주인을 자처하는 이들이 나타나 토지를 내놓으라는 소송을 벌였기 때문이다.

정부는 1982년 말 '수복지역 소유자 미복구 토지의 복구 등록과 보존등기 등에 관한 특별조치법'에 따라 지주가 보증인을 3명 이상 내세우면 소유권 보존등기를 해줬다. 이 특별조치법 덕분에 마현1리 주민들은 개간한 농지 중 70%가량을 잃고 다수가 '소작농'이 됐다. 이들은 주인으로부터 땅을 다시 사들이거나 빌려 농사를 지을 수밖에 없었다. 피나는 노력이 다시 빚으로 돌아오는 사태가 벌어진 것이다.

'파프리카'로 이룬 대박, 고령화로 대 잇기 고민

수재민에서 이주민으로, 다시 소작농으로 향하는 굴곡진 삶을 겪었지만, 60년이 지난 지금 마현1리 주민들은 철원에서 내로라하는 부농으로 꼽힌다. 십 수 년 전부터 시작한 파프리카 농사가 말 그대로 대박을 쳤기 때문이다.

이상경(59) 마현1리장은 "7월~11월 사이 생산되는 전국 파프리카의 3분의 1이 철원에서 나오는데, 그중 3분의 1을 마현리가 차지하고 있다"며 "대성산과 적근산 사이로 흐르는 청정수가 작물 품질을 뛰어나게 한다"고 자랑했다.

마현1리 현대식 시설재배 농가.

서울 송파구 가락동 농수산물시장에서는 이곳 파프리카가 큰 일교차로 과실이 단단해 저장성이 좋고 색깔이 선명한데다 비무장지대 인근의 청정함을 더해 최상품 가격을 받고 있다.

일부 주민은 함께 영농법인을 세워 2017년 한 해 동안 파프리카 300t을 일본으로 수출해 9억원 이상 매출을 올리기도 했다.

현재 마현1리는 98개 농가가 190ha 규모로 농사를 짓고 있다. 이 중 90% 이상이 파프리카를 재배 중이다. 이주 1세대가 황무지를 옥토로 일구고, 2세대가 파프리카를 심어 부농의 꿈을 이뤘다. 하지만 이를 이어받을 다음 세대를 찾지 못하고 있다. 2000년대 초반부터 마을에는 빈집이 점차 늘어 150여명이었던 마현초등학교는 학생 수가 점차 줄어들더니 급기야 2007년 문을 닫았다.

마을에 갓난아기 울음소리도 뚝 그쳤다. 23년 전 926명까지 모여 살던 마을에는 현재 352명이 거주하며, 이 중 65세 이상이 110명이나 된다. 마을 안 젊은이는 대부분 농사일을 하러 온 외국인 노동자들이다. 한 주민은 "요즘 여자들은 시골에 시집오라고 하면 질색을 한다"며 "요즘은 기계로 일해 밭에 나오지 않아도 된다는 말을 믿지 않는다"고 안타까워했다.

"그대들은 알아야 한다", 비석에 새긴 자부심

마을 어귀에 들어서면 성인 키를 훌쩍 넘는 높이의 비석이 있다. 1989년, 마현1리 청년회가 개척 1세대의 노고를 기리고자 세운 입주기념비로 그 가운데 적힌 비문 일부를 옮겨본다.

마현1리 마을의 입주기념비

"그대들은 알아야 한다! 조국 강산의 가장 중심된 이 농토가 누구의 피땀으로 가꾸어졌는가를… 고달픈 천막생활과 허기진 배를 주리며, 피땀으로 얼룩진 괭이와 호미로 6·25 동란 이후 버려진 황무지를 옥토로 가꾼 개척정신의 빛나는 업적을 우리는 알아야 한다."

태풍에 떠밀리듯 고향을 떠나 황무지를 옥토로 일군 이주민의 삶. 숱한 고생의 흔적은 촌로의 휘어진 손가락 끝 굳은살에, 굽은 등에 고스란히 남았다. 휴전선 마을, 마현1리 사람들은 이를 자부심으로 여기며 오늘을 살아간다.

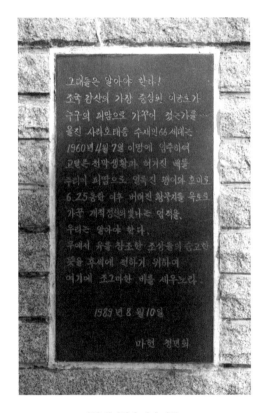

마현 청년회가 새긴 비문

살기엔 '척박한 땅',
황태 만들기엔 '최적'

전국 황태 80% 생산 인제 용대리
"황태 맛은 하늘이 내린다"

글 **이재현** 기자

"눈·바람·추위를 견디며 겨우내 인고의 세월을 겪어야 진정한 황태로 거듭납니다. 그래야 속풀이 상에 오를 자격이 주어지죠."

강추위가 몰아친 지난 겨울 강원도 인제군 북면 용대리 황태덕장은 명태를 덕장에 내거는 막바지 상덕 작업이 한창이었다. 이미 덕장에 내걸린 황태는 밤사이 내린 흰 눈을 이불 삼아 덮었다. 새벽녘 몰아친 북서풍은 눈 이불을 파고들어 황태를 꽁꽁 얼렸다. 내설악 용대리 골짜기를 휘감아 몰아치는 칼바람은 살을 예리하게 도려내는 것처럼 아리다.

덕장에 일렬로 늘어선 황태는 아가리만 쩍 벌린 채 아무 말이 없다. 겨울 산골의 아침 햇살이 떠오르자 그제야 늦잠을 자다 깬 듯 몸을 흔들어 눈 이불을 벗어 던지며 은빛을 발산한다. 이강열 용대황태영농조합법인 대표는 "겨우내 얼었다 녹기를 반복해야 속이 황금빛을 띤 최상품 황태가 된다"고 말했다.

눈·바람·추위 삼박자가 맞아떨어져야 노르스름한 황금빛 황태가 탄생한다. 바람과 날씨, 자연의 조화에 순응하지 않고서는 금빛 변신은 불가능하다. 명태가 여러 이름으로 불리듯 황태도 상태에 따라 여러 가지다. 바람이 너무 들어 썩어 문드러진 '쩐태', 기온이 너무 낮아 껍질이 꽁꽁 얼어버린 '백태', 속이 거무스름하게 변한 '먹태', 땅에 떨어진 '낙태', 몸통에 흠집이 생기면 부르는 '파

119

태'가 있다. 황태 맛은 하늘에서
내린다는 말은 이에서 비롯됐다.
황태는 겨우내 눈과 바람, 추위를
견디며 금빛 변신을 꿈꾼다.

덕장에 내걸린 황태

황태 10마리 중 8마리가 용대리 출신

전국 황태의 80%가 인제 용대
리龍垈里에서 생산된다. 우리가 숙
취 후 찾곤 하는 속풀이 황태해장
국 대부분이 이곳 출신인 셈이다.
인제읍과 원통을 거쳐 한계삼거
리에서 미시령 방면으로 차로 30
여 분을 내달리면 내설악 중심에
아늑하게 자리 잡은 마을이 나타
난다. 바로 용대리다. 이곳 북쪽
길 양쪽에 우뚝 솟아 있는 큰 바위
가 '용바위'다. 용바위 아랫마을이

막바지 상덕 작업이 한창인 인제 용대리 황태덕장

라는 의미에서 '용의터' 또는 '용대동'龍垈洞이라고 불린 것이 용대
리의 뿌리가 됐다. 바람이 많아 풍대리라고도 불렸다.

용대리 황태에는 어떤 역사가 서려 있을까. 황태 건조법은 함경
남도 원산의 '노랑태' 생산에서 비롯됐다. 한국전쟁 이후 함경도
피난민들은 휴전선 부근인 속초 등지에 모여 살면서 실향민의 터
전을 일궜다. 실향민들은 함경도 지방과 기후가 흡사한 진부령과
대관령 일대에 덕장을 설치하고 명태를 말렸다. 그러나 원산에서

맛보던 누르스름한 노랑태를 먹을 수가 없었다. 안개가 잦아 햇빛을 덜 받은 탓에 거무스름한 먹태가 됐다. 이들이 황태 생산에 적합한 기후를 찾아낸 곳이 내설악에 자리한 용대리였다.

명태는 덕장에 내거는 순간 얼어야만 육질의 양분과 맛이 빠져나가지 않는다고 한다. 한겨울 용대리는 밤 기온이 영하 10도 이하로 내려가고 내설악 계곡에서 바람이 불어 황태 건조에 최적의 조건을 갖춘 곳이다. 용대3리에 황태덕장이 본격적으로 들어선 것은 1963년. 용대리와 황태의 첫 만남인 셈이다. 혹독한 기후 탓에 농업이 부진한 용대리는 황태 건조장으로 빠르게 탈바꿈했다.

　그러나 농업과 겸업이 지속하면서 황태 건조와 가공업 중심지로 완전히 재편된 것은 적지 않은 시간이 흐른 뒤였다. 황태 마을로 용대리가 전국 황태 생산량의 80%를 차지할 정도의 면모를 갖춘 것은 30여 년 전인 1985년 이후의 일이다. 황태 생산량의 나머지 20%는 평창군 대관령면 횡계리 등지가 맡는다. 대관령 황태덕

　　　　　　　　　　　　　　　　　　　　　　　　　　　강원 인제

눈 내린 황태덕장

장은 용대리보다 10년 늦은 1970년대부터 형성되기 시작했다. 평창동계올림픽 개·폐회식이 열린 횡계리 올림픽프라자 터도 원래 황태덕장이었다.

사람에겐 혹독한 기후, 황태엔 천혜의 조건

용대리가 국내 황태 산업의 중심지가 된 것은 천혜의 지리적 조건과 혹한의 기후를 갖췄기 때문이다. 용대리는 동해의 명태어장과도 가깝다. 동해에서 잡은 명태를 배를 갈라 냉동하는 할복장도 미시령과 진부령 넘어 속초와 고성에 있다. 할복장을 오가는 물류 비용을 줄일 수 있는 셈이다. 동해에서 명태가 거의 사라졌지만, 지금도 러시아산 명태를 잡아 속초와 고성에서 할복한다.

해발 1천m 이상 준봉이 에워싼 용대리는 겨울철 황태 건조기간 최저기온이 영하 18도 이하로 떨어지는 날이 많다. 한겨울 혹한기에는 영하 25도까지 떨어진다. 특히 북서쪽에서 남동쪽으로 부는 북풍은 마을 좌우의 매바위와 용바위 협곡을 지나면서 2~3도가량 기온을 더 떨어뜨려 황태 건조에 최적의 환경을 제공한다. 한겨울 12~1월에는 차가운 북서 계절풍이 태백산맥 준령을 넘으며 일으키는 푄현상(동해안 → 내륙) 영향으로 내륙 용대리 지역은 눈이 많이 내린다. 봄이 되면 푄현상이 반대방향(내륙 → 동해안)으로 나타나면서 건조 단열 압축된 바람이 명태 건조에 최적 상태가 된다.

용대리 황태덕장은 용바위와 매바위 협곡을 지나는 북천을 따라 3km에 걸친 밭이나 개활지에 형성됐다. 이상기후에 따른 기온 상승과 명태 세척으로 발생한 수질 오염 문제로 북천변 저지대에 있던 황태덕장은 계곡 일대로 자리를 옮겨 지금의 황태덕장을 이뤘다. 사람이 살기에는 척박한 땅이지만 황태 건조·생산에는 최적 입지였던 셈이다.

연 매출 505억원 부촌, 서울양양고속도로 개통으로 위기

2017년 기준으로 용대리 황태덕장 총면적은 축구장 24개에 해당하는 17만㎡에 이른다. 9천~1만2천㎡ 규모의 황태덕장 20여 곳이 자리를 잡아 주민 80%가 황태 생산을 생업으로 한다. 2014년엔 '용대황태산업특구'로 지정되면서 각종 규제도 완화됐다. 특구 지정으로 용대리 일원 132만4천167㎡ 1천635필지에 100억원의 사업비가 투입됐다.

용대리 황태 생산제조업체는 44곳이다. 인제군 전체 제조업체 143곳의 30.8%를 차지한다. 대부분 3인 미만인 소규모 가족 중심으로 운영되는 것이 특징이다. 305명 종사자가 연간 3천15만 마리의 황태를 생산해 505억원의 매출을 올린다. 44개 업체 연평균 수입은 11억4천700만원. 이 가운데 황태덕장을 비롯해 판매장, 식당을 함께 운영하는 업체는 연간 3억~4억원 이상의 고수익을 올린다.

1999년부터는 특산물 황태를 홍보하고 주민 화합도 다지기 위한 황태 축제를 연다. 겨우내 건조된 황태가 상품화하는 시기에 맞춰 매년 5월 열리는 축제에는 황태 장터, 황태 요리체험, 시식과 공연 등 다채로운 행사가 펼쳐진다. 축제 기간 10억원에 가까운 매출을 올리는 등 농가소득에 크게 이바지한다. 눈과 추위, 바람만 있던 척박한 용대리 주민들이 황태 산업으로 부촌이 된 것이다.

그런 용대리 황태 산업에 예상치 못한 복병이 찾아왔다. 2017년 6월 30일 서울~양양고속도로 동홍천 구간이 개통하면서 용대리를 지나던 44번 국도는 교통량이 급감했다. 평소 3시간 걸리던 서울~양양 이동시간은 고속도로 개통으로 1시간 40분으로 확 단

황태구이(위)와 황태해장국(아래)

축됐다. 이로 인해 기존 44번 국도를 통해 용대리를 지나 속초·양양으로 향하는 차량 통행량이 70~80%가량 줄었다.

용대리 황태 마을을 찾는 관광객도 70%가량 줄어 황태 산업은 최대 위기를 맞았다. 강원도와 인제군이 부랴부랴 인제군 전체에 3천 603억원 규모의 지원방안을 내놨지만, 황태 마을에 미치는 직접적인 효과는 미지수다. 황태 마을 주민들은 지난해 도시형 소공인집적지구 지정 신청 등으로 스스로 변화를 모색하고 나섰다. 자구책의 핵심은 황태덕장 현대화, 용대리 매바위 활성화를 위한 모노레일 설치, 황태

상품 개발로 요약된다.

최용진 인제용대황태연합회 사무국장은 "용대리 황태산업과 관광을 접목한 황태 테마 관광지 조성에 모든 역량을 모으고 있다"며 "'위기는 곧 기회'라는 생각으로 용대리와 황태의 브랜드 가치를 높이고자 노력하고 있다"고 말했다.

백제를 사수하라!
산성의 도시 대전

삼국 시대 최고 전략적 요충지
확인된 곳만 48개소

글 **한종구** 기자

　대전 대덕구 계족산은 황톳길 맨발 걷기로 유명하다. 지네가 많아서 닭을 풀어 잡아먹게 했다고 해서 계족산이라는 유래가 있지만, 원래 이름은 봉황산으로 알려져 있다. 일제가 한국 산 이름을 깔아뭉개기 위해 봉황을 닭으로 바꿨다고 하지만 근거는 박약하다.

　이 황톳길을 맨발로 걷다 보면 대한민국 사적 355호이자 대전 시기념물 제2호인 계족산성을 만난다. 발굴조사를 거쳐 복원한 계족산성은 산 정상에 능선을 따라 축조된 석축 산성이다.

　세월의 흔적을 간직한 성벽. 군데군데 흘러내린 성돌에서 세월의 무게가 느껴진다. 계족산성에 오르면 대전 시가지는 물론이고

계족산 황톳길 일원에서 열린 계족산 맨발축제에서 참가자들이 힘차게 달리고 있다.

대청호 너머로 충북 보은과 옥천까지 한눈에 조망할 수 있다. 왜 하고많은 곳 중에 이곳을 골라 산성을 쌓았는지를 짐작케 한다.

대전에는 확인된 산성만 48개소에 달한다. 드러나지 않은 것까지 포함하면 60개가 넘을 것이란 추정도 있다. 그렇다면 누가, 왜, 언제, 무엇 때문에 산 정상에 성을 쌓았을까. 많은 사람이 대전을 엑스포와 과학기술의 도시로 기억한다. 하지만 대전은 오래전부터 하늘길을 빼면 모든 교통수단이 거쳐 가는 교통의 요지였다.

계족산성

대전은 지정학적으로 한반도 남반부의 중심에 있다. 영남이나 호남에서 서울로 가려면 반드시 거쳐야만 하는 핵심 지역이다. 반대로 서울을 장악한 세력이 남하하기 위해서 먼저 차지해야 할 곳이 바로·대전이다. 이런 교통과 군사 전략 측면에서 요충지인 대전 지역을 사수하기 위해 자연스럽게 산성들이 축조됐다.

전문가들은 대전의 산성을 알기 위해서는 백제 역사를 알아야 한다고 말한다. 기록에 따르면 삼국시대 이전 대전은 '신흔국'이라 불리는 마한의 54개 소국 가운데 하나가 있는 곳으로 추정된다. 4세기 백제 근초고왕이 한반도 남쪽 마한지역을 백제로 흡수하고, 그때 신흔국도 백제에 통합됐을 것이라고 한다.

웅진을 방어하는 전략적 요충지

대전은 삼국 중에서는 백제의 영토였지만 수도인 위례성과 거리가 멀었다. 그러다가 475년, 고구려 장수왕이 이끄는 3만 군대에 왕성을 빼앗기고 개로왕까지 목숨을 잃는 치욕을 겪으면서 백제는 서둘러 웅진^{공주}으로 도읍을 옮긴다. 웅진은 차령산맥 남쪽에 있어 북쪽의 고구려를 방어하기 좋고, 금강이 자연 해자 역할을 해 적의 공격을 방어하기 적당한 곳이었다. 그러나 금강 중상류에 위치해 신라에서 백제까지 뱃길로 하루면 당도할 수 있다는 점은 백제로서는 고민이 아닐 수 없었다. 지금의 대전지역에 방어시설을 구축하는 것은 당연한 일이 된 것이다. 새로운 수도 인근에 있는 대전이 수도를 방어하는 전략적 요충지가 된 셈이다.

전문가들은 백제가 웅진으로 천도한 이후 교통로와 국경선을 방어하기 위해 많은 산성을 집중적으로 만들었을 것으로 본다. 백

제 23대 동성왕479~501은 신라와 동맹을 체결했지만 신라에 대한 경계를 늦추지 않고, 대전 동쪽 부근에 많은 성을 쌓아서 '동성왕' 東城王이라는 칭호를 얻었다는 해석이 있을 정도다.

그러나 대전지역 산성이 같은 시대에 만들어진 것은 아닌 것으로 추정된다. 양국의 긴장관계에 따라 산성이 늘어난 것으로 전문가들은 보고 있다. 다만 대전지역 산성이 군사적 목적에 따라 군마 이동통로를 감시하는 군사적 요충지에 설치됐다는 점은 누구도 부인할 수 없는 사실이다.

고대인들은 식장산과 계족산 줄기에 산성 20여 개소를 쌓았고, 갑천변과 금강 주변에도 성과 보루를 쌓아 전쟁에 대비했다. 대전에서 가장 큰 규모의 산성인 계족산성은 조금 예외다. 계족산성을 놓고 수도 방어를 위해 백제가 쌓았다는 의견과 성의 축조 방식으로 볼

대전 보문산성

때 신라가 만들었다는 견해가 분분했으나 현재까지 고고학 발굴 성과에 의하면 신라일 가능성이 큰 것으로 본다. 출토된 토기 중 가장 오래된 것이 6세기 중반 신라 토기이고, 이후에 나온 토기 형태도 신라 토기가 많아 한때 백제가 점령한 땅이었지만, 신라가 만든 산성으로 드러났다는 것이다. 그러나 나머지 산성은 대부분 백제 시대의 유산으로 확인되고 있다.

백제는 대전 동쪽 산마다 수십 개 산성을 쌓으며 신라를 견제했지만, 660년 나당연합군에 의해 결국 멸망하게 된다. 하지만 3년 동안 백제 땅 곳곳에서는 백제 부흥운동이 일어나는데 대전은 이때 백제 부흥군의 주요 거점 가운데 하나였다. 신라에서 웅진으로

전쟁물자를 조달하기 위해 거쳐야 하는 길목을 백제 부흥군은 거점으로 삼았고, 이에 신라군은 안전하게 물자와 병력을 조달하기 위해 이곳을 차지해야 했다.

규모가 가장 크고 원형이 잘 보전된 계족산성

산성에서의 조망은 쳐들어오는 적을 쉽게 방어할 수 있다는 이점과 주변 산성과의 연계도 원활하다는 장점도 있다. 산성에 접근하는 적들에게 그 자체로 위협의 대상이 됐다. 이후 대전의 산성 가운데 일부는 고려와 조선 시대까지 사용됐다. 이 가운데 계족산성은 대전지역 60여 개 산성 가운데 가장 크며, 조선 시대에는 봉수대가 설치돼 운영되기도 했다.

오랜 세월 대전과 함께 자리를 지키는 산성은 지금은 비록 낡고 허물어져 옛 모습은 사라졌지만, 지역을 지키고 나라를 지켰던 의미는 그대로다. 사람은 산성을 잊었지만, 산성은 지난 1천500년 동안 말없이 대전을 지켜보고 있는 셈이다. 대전에서는 특히 '산성을 알자'는 취지로 산성축제, 산성 지킴이 활동 등이 있었지만 최근에는 다소 시들어진 느낌이다. 다만 대전을 둘러싸고 있는 산성을 연결한 '대전 둘레산길'은 여전히 시민의 사랑을 받으며 발길이 끊이지 않고 있다.

안여종 대전문화유산 울림 대표는 "사방이 산으로 둘러싸인 분지라는 지형적 요인과 함께 백제와 신라의 접경지대에 있다는 점 등이 대전을 산성의 도시로 만들었을 것"이라며 "대전의 산성을 공부하다 보면 삼국시대부터 현재까지의 한국사를 이해할 수 있다"고 말했다.

수에즈운하보다 수백 년 앞선 굴포운하

내륙 뱃길을 뚫어라
530년간 10여 차례 개착 시도했지만 대역사 끝내 실패

글 **조성민** 기자

굴포운하가 있던 곳임을 알리는 안내판

"거울바다[鏡海] 지나가니 / 현기 나서 어렵도다 / 안흥진 安興鎭이 여기로다 / 관장항關 障項·여울목 이름을 다다르니 배 머리를 그릇 둘러 / 만학천봉 석각이라 / 앞뒤 사공 겁을 내어 / 돌머리를 박겠구나 / 이어차 이어차 / 아차아차 어 찌할고 저어다오 / 내 격군格 軍·사공의 조수아 / 천우신조 무 사다행 넘어서도 염려로다"

　조선 후기 지금의 전북 익산에 소재한 함열군을 다스리던 군 수 조희백趙熙百, 1825~1900이 고종 12년1875년 3월 25일, 조정에 바 칠 조세를 싣고는 성당창聖堂倉, 익산 성당리 소재을 출발해 한양으로 가는 바닷길에서 겪은 일을 노래한 가사 '도해가'渡海歌의 한 구절 이다. 지금의 충남 태안 인근 바다를 지날 때의 험난함을 이렇게 읊었다. 그랬다. 이 앞바다는 뱃사람들에게는 언제나 난파와 죽 음의 두려움을 주는 곳이었다. 그런 곳은 피해 돌아가면 될 것 아

니냐 하겠지만, 그럴 수도 없었다. 이곳은 선택하지 않을 수 없는 길목이었고, 그래서 배는 언제나 이 바다를 지나야 했다. 비록 번번이 미완성에 그치기는 했지만, 굴포운하掘浦運河는 그렇게 해서 탄생했다.

지중해와 인도양을 잇는 수에즈운하1869년 개통, 태평양과 대서양을 연결하는 파나마운하1914년 개통보다 수백 년 앞서 이 땅에서도 그에 버금가는 대규모 운하를 만들려는 시도가 있었다는 사실을 아는 사람은 많지 않다.

충남 서해안 천수만과 가로림만을 잇는 굴포운하. 고려와 조선

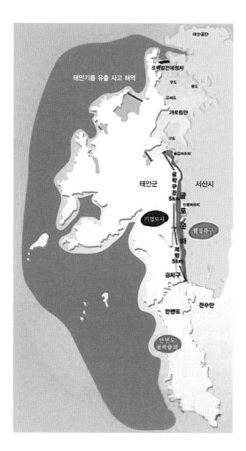

시대 대표적인 토목공사로 꼽히는 이 운하는 태안·서산 사이에 뱃길해로을 내는 대역사였다. 고려 인종1134년 때부터 조선 현종1669년 때까지 530여년간 10여 차례나 시도됐지만 끝내 성공하지는 못했다. 공사 중 대형암반이 발견되거나, 팠다 하면 토사가 무너져 내렸기 때문이다. 천수만과 가로림만 높낮이가 다른 지형적인 측면도 걸림돌로 작용한 것이다. 태안군 504.8㎢이 제주도1,809.9㎢에 이어 한반도에서 두 번째 크기의 섬으로 바뀔 수 있었던 굴포운하 굴착 시도는 미완의 역사로 현재까지 이어진다. 최근 들어 이 운하가 해로 기능은 물론 관광자원으로 재조명 받지만 이렇다 할 움직임은 감지되지 않는다.

가로림만의 일몰 (왼쪽)
굴포운하 위치도 (위)

조정에 보내는 세곡선을 보호하라

조선 중종 때 완성된 팔도지리지인 신증동국여
지승람 제19권 충청도 태안군에서는 안흥량安興梁을
소개하면서 이르기를 "군 (소재지) 서쪽 34리에 있
다. 옛날에는 난행량難行梁이라 불렸는데, 바닷물이
험해 조운선漕運船이 이곳에 이르러 번번이 난파했
으므로 사람들이 그 이름을 싫어해 지금 이름으로
고쳤다"고 했다. 난행량이란 글자 그대로는 운항이
힘든 여울목이라는 뜻이다. 실제 조난사고가 빈발
하므로 재수 없는 이름이라 해서, 편안하게 지나거
나 지내는 곳이라는 뜻으로 바꾼 셈이다.

고려 '서울' 개경과 조선 '서울' 한양은 그 위치
때문에 호남이나 영남 지역에서 조정으로 보내는
세곡은 대부분 조운선을 이용했다. 하지만 그 주요
항로인 태안 안흥 앞바다는 풍랑이 거센 대표적인
험로여서 이들 세곡선을 지키려는 방편의 하나로
운하 굴착이 시도됐다. 그 결과 현재의 태안군 태안
읍 인평·도내리와 서산시 팔봉면 진장·어송리를
잇는 총연장 6.8km의 남쪽 천수만과 북쪽 가로림만
을 직선으로 연결하는 내륙 뱃길 개척 작업이 시작
됐다. 고려부터 조선 시대에 이르기까지 시도된 굴
착공사는 4km가량만 완공하고, 바닥이 온통 암반으
로 이뤄진 난공사 구간 2.8km를 남기고 실패를 거듭
하다 결국 포기하기에 이르렀다.

충남 서산·태안

논물이 남북으로 갈라져 내려가는 곳

태안군 남면 인평리의 한 야트막한 야산에 만든 논에서 물을 흘려보내면 한쪽은 북쪽 가로림만으로, 한쪽은 남쪽 천수만 쪽으로 흐른다. 주민들은 이곳을 '판개논'이라고 부른다. 운하를 만들려고 계곡을 판 곳이라서 얻은 이름이다. 주변 곳곳에 길게 운하를 판

천수만 상공에 겨울 철새들이 화려한 비행을 하고 있다.

우리나라 최초의 운하인 서산·태안 굴포운하 흔적

잡초만 무성한 굴포운하 공사 흔적

140

흔적이 남았지만 오랜 세월이 지나면서 논이나 밭으로 쓰이기도 하고, 작은 저수지로 변해 형체를 알아볼 수 없는 곳이 대부분이다. 태안군이 만들어 설치한 굴포운하 안내판과 남북으로 길게 고랑이 파여 비교적 원형이 잘 보전된 곳에 만들어 놓은 관찰로목재데크가 이곳이 굴포운하 예정지임을 알 수 있을 뿐이다.

태안군의 실측 결과 남아 있는 운하 흔적 중 밑바닥이 제일 좁은 곳은 14m, 윗부분의 제일 넓은 곳은 63m에 이른다. 높이는 낮은 곳이 3m에 불과하지만 깊은 곳은 50m에 달해 대규모 토목공사가 진행됐음을 짐작하게 해준다. 바닥은 조금만 파 내려가면 대부분 통으로 된 암반이다. 현재 기술력으로는 몇 달이면 너끈하게 할 수 있을 굴착공사이겠지만, 그 옛날 기술력으로는 크고 단단한 화강암 암반을 손쉽게 파헤치긴 어려웠을 것으로 보인다. 더구나 천수만과 가로림만은 한반도에서 조수간만 차가 가장 심한 곳 중 하나여서 더 토목공사가 어려웠을 것으로 추정된다.

'국내 최초 운하'가 문화재 지정조차 안 돼

역사적으로 귀중한 자료이기도 한 굴포운하는 문화재로 지정되지 않았다. 서적과 현장의 흔적을 통해서만 알 수 있을 뿐 제대로 된 조사가 이뤄지지 않아 정식으로 문화재 신청을 하지 못했기 때문이다. 2000년 이후 서산과 태안의 향토사학자들을 중심으로 굴포운하 재조명 운동이 일면서 2009년 충남도에서 굴포운하 건설사업 타당성 연구용역을 발주하기도 했다. 하지만 본격 발굴이나 시굴조사가 이뤄지지 않아 정확한 실태 파악이 안 된 상태다.

당시 충남도 연구용역이 굴포운하 건설사업 재개와 관광객 유치, 서해안 일대의 물류비 절감 등을 목표로 야심 차게 출발했지만, 이미 천수만에 접한 지역이 B지구 방조제로 막혀 있는 데다 관광자원 개발 부분에 초점이 맞춰져 정작 굴포운하 자체에 대한 연구와 조사 등에 소홀했다는 지적이 나왔다. 굴포운하 유적이 서산과 태안 경계에 있다 보니 해당 자치단체에서 개발이나 보전방안 마련 등에 선뜻 나서지 못한 것도 규명이 늦어진 이유로 꼽힌다. 이 때문에 향토사학자들은 서산시와 태안군이 협력하거나 충남도가 적극적으로 나서야 한다고 입을 모은다.

천수만 인평저수지쪽 굴포운하 흔적

정우영 전 태안향토문화연구소장은 "그동안 문헌 등을 통해 굴포운하의 성격 등이 어느 정도 밝혀진 만큼 이제는 무엇보다 굴포운하 현장에 대한 조사가 필요하다"며 "더 늦기 전에 굴포운하 예정지에 대한 시굴조사 등을 통해 500여 년간 이곳에서 어떤 일이 벌어졌는지 조사와 확인절차를 거쳐 문화재로 등록돼야 할 것"이라고 말했다. 정 전 소장은 "이후에 어떻게 보전하고 개발하고 활용해야 할지 전문가와 지역민의 의견을 들어 방향을 잡아나가는 것이 맞다"며 "자치단체장이나 지방의원들도 우리나라 최초라는 역사적 가치가 있는 굴포운하에 더 많은 관심과 애정을 쏟아야 한다"고 강조했다.

마지막으로 빼놓을 수 없는 굴포운하 관련 유산

이 있다. 바로 태안 앞바다가 '바닷속 경주'로 떠오르고 있다. 해저엔 수백 척에 이르는 침몰선박이 매몰된 상태인 것으로 알려졌다. 개중 몇 척은 이미 발굴돼 각종 보물을 선사했다. 조상들에게 이 바다는 비극이었지만, 그 비극은 또 하나의 '경주'를 선사하고 있으니, 역사의 아이러니라 하겠다.

충남 천안

"이북에 아바이순대,
이남엔 병천순대"

아우내 오일장에서 팔던 장터 음식이 시초
저마다 역사와 전통을 자랑하는 맛집

글 **이은중** 기자

이북에 함경도 아바이순대가 있다면 이남엔 충남 천안에 병천순대가 있다. 따끈한 순대국밥 한 그릇에 막걸리 한 사발이면 세상걱정 다 잊게 해 주는 순대는 마음마저 따뜻하게 해주는 서민음식이다. 병천순대는 오일장인 병천장에서 팔던 장터 음식이다. 일반 순대와 달리 소나 돼지 소창에 채소와 선지를 넣어 담백한 맛으로 전국적인 명성을 얻었다. 소창이란 소나 돼지의 소장을 이르는 말이다. 현재 전국적으로 '병천순대'라는 상호를 걸고 영업하는 식당은 1천여 곳이 넘을 것으로 추산된다. 이 가운데 적지 않은 가게가 병천순대와는 무관하게 이름만 내걸고 영업하는 것으로 알려졌다.

길손 발길 끊이지 않던 아우내 장터

병천은 충북 진천, 청주에서 천안삼거리를 거쳐 서울로 올라가는 길목에 자리 잡고 있어 예로부터 길손들의 발길이 끊이지 않던 곳이다. 조선 후기에 재래시장이 생기면서 이곳 병천에는 장꾼들이 사방에서 몰려들었다. 지금도 주말이면 500~1천명이 다녀가고, 독립기념관 등 주변에서 큰 행사라도 열리는 날이면 1천~1천

500명이 찾아온다.

병천의 또 다른 이름은 '아우내'다. 병천천과 광기천이 만나는 지점에 있어 붙여진 이름으로 병천並川은 '두 개의 내를 아우른다'는 뜻의 순우리말 '아우내'에서 유래한다. 오일장이 열리는 매월 1일과 6일, 11일과 16일, 21일과 26일이 되면 현지 주민은 물론 외지인들로 장터가 북적거린다. 자연히 식당마다 순대국밥을 먹으려는 사람들로 문전성시를 이룬다. 순대국밥만큼 장꾼들의 허기진 배를 채울 수 있는 값싸고 맛 좋은 음식이 없기 때문이다.

1960년대에 이곳 병천면에 돼지고기를 취급하던 햄 공장이 들어선 뒤 아우내 장터에 순대가 본격적으로 보급됐다고 전해진다. 햄을 만들고 남은 돼지 소창에 각종 채소와 선지를 넣어 먹음직스러운 순대를 만들기 시작한 것이다. 그 이후 병천순대는 병천장에서 맛볼 수 있는 특별한 음식으로 자리 잡았다. 1970년대 이전에는 장터가 열리는 날에만 순대국밥을 팔았지만, 이후 붙박이 식당들이 생겨났다.

아우내 장터가 지금과 같은 모습을 갖춘 것은 1990년대 초반이다. 인근에 중소기업이 많이 들어서자 순댓집들도 늘어났다. 순대국밥은 과거에 찬바람이 불기 시작하는 가을과 추운 겨울철에 인기가 많은 음식이었지만, 요즘은 계절과 관계없이 전국 각지에서 순대국밥을 먹으러 사람들이 찾아온다. 천안, 아산 등 근처 도시는 물론 멀리 서울, 경기 등에서 오는 경우도 많다. 서울에서 출발한 전철이 천안을 거쳐 아산까지 오가면서 목욕은 아산에서 한 뒤 출출한 배를 병천에서 순대국밥으로 채우고 가는 어르신들도 부쩍 늘었다.

한 집 건너 한 집마다 순대 식당, 청화집 4대째 영업

병천에 들어서면 줄줄이 늘어선 순대 식당의 간판들이 손님을 반긴다. 길이 1㎞에 이르는 아우내순대길 주변에서 영업 중인 순대 식당은 23곳이나 된다. 왕복 2차선 양쪽에 한 집 건너 한 집이 순대 식당이다. 주중, 주말 가리지 않고 순대 거리는 그 맛을 찾아 나선 사람들로 늘 북적인다.

1950년까지만 해도 순대를 파는 곳이 극히 적었다고 한다. 몇 안 되는 이들 국밥집은 장날이 되면 야외에 좌판을 깔고 손님을 맞았다. 솥을 거는 부뚜막만 있으면 어디서나 팔 수 있는 음식이 바로 순대국밥이다. 가난하고 배고프던 시절에 값싸고 영양 많은 순대국밥은 서민들에게 사랑받는 대표 음식이었다. 국밥 한 그릇이면 한 끼 식사로 충분했다.

지금까지 영업을 이어온 식당 중 가장 오래된 곳은 청화집이다. 1968년 현 위치에 간판을 걸고 장사를 시작해 김정수씨가 4대째 운영하고 있다. 이어 충남집, 돼지네 등 하나둘씩 식당들이 따라 들어섰다.

윤웅렬 병천순대협회장은 "옛날에는 배고파서 먹었던 순대가 오늘날에는 별미 음식으로 자리를 잡으면서 남녀노소 가리지 않고 누구나 좋아하는 음식이 됐다"고 말했다.

소창에 야채 넣어 누린내 적고 담백한 맛

병천순대는 돼지 창자 중 부드럽고 돼지 특유의 누린내가 적은 소창에 배추, 양파, 당면 등을 넣어 만든 야채순대다. 그래서 담백

하고 쫄깃하다. 순댓국은 국물이 사골국물처럼 뽀얘면서도 진하지 않아 이 음식을 처음 맛보는 사람들이 먹기에도 좋다. 깨끗하게 손질한 소창에 담백함을 더하기 위해 찹쌀과 들깨를 갈아 넣는다. 그리고 각종 채소에 당면과 선지를 함께 넣는다.

　집집이 만드는 방식은 약간씩 차이가 있다. 보편화한 순대와 다른 점은 당면의 양을 줄이거나 아예 넣지 않는다는 점이다. 대신에 선지와 찹쌀의 양을 늘리고 마늘, 부추, 생강 등으로 비린내를 없앴다. 옛날에는 돼지 소창을 소금으로 깨끗이 씻고 사람이 도구를 이용해 잘 다져진 소를 집어넣었다.

병천순대거리

돼지의 창자 중 소창을 이용한 병천순대는 대창이나 막창 순대
와는 달리 굵기가 가는 편이다. 기다랗게 먹기 좋은 크기로 잘라
낸 순대는 맛이 담백하고 깔끔하다. 순대를 주문하면 순대와 오소
리감투돼지 위, 돈설돼지 혀이 함께 나온다. 국밥에는 순대와 돼지내
장이 어우러져 들어있다. 혼자 다 먹기 버거울 정도로 양도 푸짐
하다.

순대국밥 한 그릇은 7천원, 모둠 순대 한 접시는 1만~1만2천원
이다. 국밥집에서는 깍두기와 김치 외에는 특별히 찬이 필요 없다.
기호에 따라 다진 양념을 풀어 얼큰하게 먹어도 좋다. 순대국밥에

들깻가루를 풀면 들깨 특유의 고소함은 살아나나 들깨 향에 가려 순댓국 본연의 맛이 사라지는 단점이 있다.

병천 순댓국과
모듬순대의 상차림

순대 특화 거리 조성, 주변에 독립기념관·유관순 열사 사적지도

천안시는 이곳 병천순대를 더 널리 알리기 위해 특화 거리를 만들었다. 병천순대거리 가까이에는 천안 유관순 열사 유적지와 독립기념관, 천안 김시민 장군 유허지, 유석 조병옥 박사 생가 등이 있다. 병천순대거리에서 차로 3~4분만 가면 매봉산 정상을 사이에 두고 유관순 열사의 사적지와 생가가 있다. 이곳은 천안 12경 중 하나로 꼽힌다. 시는 시외버스 터미널에서 10~15분 간격으로 버스를 운행하도록 했다. 2017년 1월에는 충남사회복지공동

모금회가 병천순대거리에서 '충남 착한 거리 1호 선포식'을 했다. 착한 거리는 중소자영업자들이 매월 3만원 이상 정기 기부에 참여하는 '착한 가게'가 밀집한 곳을 말한다.

윤웅렬 병천순대협회장은 "충남을 대표하는 병천순대거리가 충남의 첫 착한 거리로 지정됐다"며 "앞으로 병천순대가 전국적으로 유명해지고, 더 착한 거리로 거듭날 수 있도록 힘을 쏟겠다"고 밝혔다.

유관순 열사 생가지

'임씨가 만든 으뜸가는 맛'
임절미에서 유래한 인절미

조선 인조, 이괄의 난 피해 공주 공산성에서 처음 맛봐

공주시, 인절미 명칭 특허 등록

글 **이재림** 기자

콩고물 덮어쓴 인절미

쫄깃한 식감에 고소한 맛을 만끽할 수 있는 인절미는 누구나 부담 없이 즐길 수 있는 떡이다. 여름철이면 빙수 재료로도 인기를 끈다. 찹쌀이나 찹쌀가루를 시루에 찐 뒤 절구에 찧어 먹기 좋은 크기로 잘라 만든다. 떡과 노릇노릇한 고물이 버무려진 맛이 그만이다.

그런데 인절미라는 이름이 충남 공주시에서 유래했다는 이야기를 아는 사람은 많지 않다. 여기에는 조선 시대 혼란스러운 조정의 역사가 얽혀 있다. 구전으로 내려오는 인절미의 어원을 찾으려면 1620년대로 거슬러 올라가야 한다.

1623년 조선에서는 광해군이 폐위되고 인조가 왕위에 오른다. 이른바 '인조반정'이다. 김류와 이귀 등 반정을 이끈 신하들은 요직을 차지했다. 무신 이괄1587~1624도 인조반정 때 광해군 실각 과정에 참여했으나 논공행상 과정에서 생각보다 낮은 등급을 받고 평안병사 겸 부원수로 임명돼 관서關西 지방으로 파견됐다.

암투에서 밀린 것으로 여
긴 이괄은 이듬해인 1624년
병사들을 이끌고 한양으로
진격했다. '이괄의 난'이다.
여러 지역을 점령하고 밀고
들어오는 이괄 병력을 피해
인조는 부랴부랴 백제의 도
읍지였던 공주로 향했고, 백
제 시대 축조된 공산성에 임
시로 둥지를 튼다.

공주를 대표하는 명물

인절미는 여기서 등장한다. 공산성 내 두 그루의 나무^{쌍수·雙樹}
인근에서 피란 생활을 하던 인조는 지역 특산물로 올라온 음식을
맛보다 지금의 인절미를 먹고서 떡 이름을 물었다고 한다. 신하들
에게서 돌아온 답은 '임씨네 집에서 만든 떡' 또는 '임씨네 집에서
썰어 바친 떡'이라고 알려졌다. 그러자 인조가 "참 절미<sup>絶味, 더없이
맛있다는 뜻</sup>로구나"라고 했다는 게 인절미^{임절미에서 변형}라는 이름의 유
래에 대한 통설이다. 그 흔적은 현재 공산성 쌍수정 사적비<sup>1708년
제작</sup>에 남아 있다. 이괄의 난, 공산성에 머물렀던 인조의 행적, 공
산성에 대한 찬양 등이 적혔다. 일각에선 잡아당겨 썬 떡이라는
뜻의 '인절병'^{引絶餠}에서 생겨난 말이라는 추측도 제기한다. 그러
나 '임절미 설'보다는 근거나 배경에 개연성이 적어 보인다.

공주시는 인절미를 지역 특산품의 하나로 부각하고자 명품화

유네스코 세계문화유산인 공산성

공산성 쌍수정 (위)
공산성 쌍수정 사적비 (오른쪽)

사업 추진과 함께 다양한 마케팅을 펼치고 있다. 지역 대표 축제로, 해마다 9~10월에 열리는 백제문화제에서는 길이가 1천m를 넘는 인절미를 관광객과 주민 수백 명이 함께 만드는 이벤트를 벌이기도 한다. 최근에는 지역에서 열리는 대부분의 축제에서 인절미 만들기 프로그램을 볼 수 있다. 지역의 정체성을 잘 반영하는 데다 주민과 관광객을 하나로 묶는 데 더없이 좋은 볼거리라고 주최 측이 판단하기 때문이다.

2016년 9월 '공주인절미'라는 명칭은 아예 특허청에 지리적 표시 단체표장으로 등록됐다. 상표 사용에 관한 독점적 권리를 확보해 상표 도용 등 분쟁에 적극적으로 대처할 수 있게 된 것이다.

공주지역 인절미 생산업체가 결성한 공주인절미협회 관계자는 "공주인절미는 품질에 큰 영향을 미치는 찹쌀과 콩 등 원재료를 지역에서 생산한 것만 사용한다"며 "장시간 반죽을 거치는 등 우

충남 공주

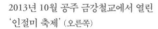

2010년 9월 세계대백제전 성공 기원
'2010m 인절미' 만들기 (위)

2013년 10월 공주 금강철교에서 열린
'인절미 축제' (오른쪽)

수한 공주 인절미만의 전통을 지키고 있다"고 말했다.

인절미 덕분인지 공주시엔 곳곳에서 떡집을 어렵지 않게 발견
할 수 있다. 전통시장인 공주산성시장 주변으로만 20여곳이 밀집
해 있다. 가족이 함께 일을 거드는 사례도 적지 않다.

40대 여성은 "부모님께 자연스럽게 배우며 몸으로 익히는 중"
이라며 "제 이름 석자보다는 어디어디 떡집에 누구라는 걸 더 알
릴 수 있도록 계속 노력하고 연구할 것"이라고 웃으며 말했다.

백제 부흥운동의 시작과 끝,
예산 임존성

나당 연합군에 나라 잃은 민초들 봉기
의병운동의 뿌리

글 **김준호** 기자

서기 660년 신라 5만, 당나라 10만 등 15만 군사로 구성된 나당연합군은 백제의 수도 사비성과 웅진성을 차례로 함락시킨다. 의자왕이 신라 태종무열왕과 당나라 장군 소정방에게 술을 따르는 치욕스러운 항복식을 한 뒤 당나라로 끌려가면서 백제는 찬란했던 역사의 뒤안길로 사라진다.

항복식을 지켜보던 일부 장수들은 밤에 몰래 봉수산에 오른다. 그들은 백제 부흥의 깃발을 꽂고 봉화를 올려 잃어버린 백제를 되찾기 위해 나선다. 백제가 패망한 660년부터 백제 왕족인 복신과 승려 도침, 흑치상지 장군 등을 중심으로 벌인 백제 재건운동의 시작이다.

서기 663년까지 진행된 이른바 백제 부흥운동의 시작과 끝을 함께 한 곳은 다름 아닌 충남 예산

백제부흥군길

군 대흥면 봉수산에 있는 임존성이다. 나라를 잃은 '민초'들이 나
라를 지키는 의로운 일에 뛰어든 '의병운동'의 뿌리가 되는 곳이
다. 부흥운동의 깃발을 꽂자마자 3만여 명의 백제 유민들이 멸망
한 나라를 되찾으려 모여들었다.

백제 부흥의 마지막 항거지 임존성

흑치상지 장군이 지휘한 백제 부흥군은 임존성에서 나당 연합
군과 붙어 승리했고, 이를 기반으로 백제 전역에 해당하는 200여
개의 성을 순식간에 회복하기도 했다. 그러나 부흥운동은 주도권

봉수산서 바라본
예당호 전경

다툼을 벌이던 지도자들의 분열로 결국 비극으로 마감한다. 백제 부흥운동 기간 왕성王城인 주류성이 함락된 뒤에도 끝까지 버텨내던 임존성이 663년 내부 갈등 요인 등으로 무너지면서 4년에 걸친 항쟁은 대단원의 막을 내렸다. 흑치상지 장군이 적군이던 당나라에 항복해 동료들을 배신하고, 더욱이 선봉에 서 자신의 동족에게 칼을 들이대며 임존성을 직접 공격해 함락시킨 것이다. 이렇게 백제 부흥의 깃발을 꽂고 패전으로 항쟁을 마무리 지은 곳이 바로 임존성이다. 이곳에 오면 백제 부흥운동에 참여한 민초들, 군사들의 함성과 울부짖음이 들리는 듯하다.

　임존성은 충남 예산군 광시면·대흥면과 홍성군 금마면이 만나는 해발 484m의 봉수산 봉우리를 중심으로 능선을 따라 크고 작

백제 부흥 운동의 거점인 임존성(사적 제90호) 내 '석축 우물터' (예산군 제공)

은 6개의 봉우리를 에워싸고 있다. 성벽은 외벽만 돌로 쌓고 안쪽
은 돌과 흙을 다져 쌓았다. 둘레가 2천468.6m, 면적은 55만3천
697㎡에 이른다. 성내에는 문지門址 2곳, 적의 공격을 방어하는 적
대敵臺 1곳과 치雉 4곳, 배수구排水口 1곳, 우물 3곳과 여러 곳의 건
물터 등이 남아 있다.

우물 터 부근에서는 지금도 물이 솟아난다. 부흥군은 가장 높은
곳에 우물을 파 물을 성안에 모은 뒤 적이 공격할 때 물꼬를 터뜨
려 적병을 곤경에 빠뜨리고 반격할 수 있도록 고안된 것으로 추측
된다.

성안에서는 삼국백제시대부터 조선 시대에 이르는 토기편, 자기
편, 기와편 등도 출토됐다.

특히 '임존'任存 또는 '임존관'任存官이라는 글자가 새겨진 기와

예산군은 임존성 내 우물터에서 '대흥 임존성 백제 부흥군 위령제'를 열어 마지막까지 저항했던 이들의 넋을 위로하고 있다. (예산군 제공)

는 이곳이 바로 백제 부흥운동의 거점인 임존성임을 뒷받침한다.

임존성에 대한 기록은 역사서에도 나온다. 삼국사기와 구당서 舊唐書 등에 따르면 "백제의 장수 흑치상지가 임존산에 울타리를 쌓고 당나라에 맞서 싸운 곳"이자 "백제의 왕자들이 모두 항복했으나 장수 지수신遲受信만은 끝내 항복하지 않고 지켜낸 곳"이라는 것이다. 신증동국여지승람과 대동지지에도 비슷한 내용이 전해진다. 이곳은 태조 왕건이 고려를 건국하는 과정에서 후백제 견훤과 전투를 벌인 곳으로도 알려졌다. 예산군은 임존성 내 우물터에서 '대흥 임존성 백제 부흥군 위령제'를 열어 마지막까지 저항했던 장수와 민초들의 넋을 위로하고 있다.

임존성과 이웃한 홍성 장곡면 산성리에는 주류성으로 추정되는 장곡산성이 있다. 1998년 충남도문화재자료 제360호로 지정된

장곡산성은 돌로 쌓은 석축산성으로 둘레가 1천352m에 이른다. 성내에서는 방대한 건물터와 주춧돌, 사시沙尸·사시량沙尸良 등의 글자가 적힌 기왓조각, 백제 시대 토기가 발견됐다. 임존성과는 12.6㎞ 떨어져 있어 지리적 위치로 볼 때 백제 부흥군의 근거지였던 주류성으로 추정되는 곳 가운데 하나이다. 주류성의 정확한 위치와 관련해서는 이곳을 비롯해 충남 서천 건지산성乾芝山城, 충남 청양 정산定山, 전북 부안 우금산성 등 여러 주장이 제기되고 있다.

홍성군은 매년 10월 장곡산성에서 백제 부흥운동을 재조명하고 의병들의 뜻을 기리기 위한 위령제를 지내고 있다. 부여군도 백제 부흥운동의 꿈을 실현하지 못하고 죽은 복신의 넋을 달래기 위해 은산별신제를 지내 넋을 위로해주고 있다.

충청남도는 '내포문화숲길' 가운데 한 노선으로 예산~홍성~당진을 잇는 29.2㎞ 구간의 '백제부흥군길'을 조성했다. 백제 패망후 나당 연합군과 치열한 전투를 치른 백제 부흥운동의 역사적 의미가 있는 지점이 연결됐다. 홍성 오서산 장곡산성, 봉수산의 임존성을 거쳐 당진의 아미산까지 이어지는 이 길은 총 8개 코스로, 백제를 지키려는 민초들의 숱한 이야기를 담아낸다.

'느림의 미학' 가득한 슬로시티

임존성 아래에는 2009년 9월 국제슬로시티연맹이 국내 6번째로 지정한 충남 '예산 대흥 슬로시티'가 있다. 이곳은 예당평야의 젖줄로, 전국 최대 규모의 저수지인 예당호를 품고 있다. 그만큼 넉넉하고 여유롭다. 전통과 자연 생태를 슬기롭게 보전하면서도 느림의 미학을 기반으로 지속적인 발전과 진화를 추구해 나간다

충남 예산군 대흥면 상중리의 느티나무는 높이 19m, 둘레 7.5m로 수령(樹齡)이 1천50년에 이를 것으로 추정된다. 동네 주민들은 이 느티나무를 '배 맨 나무'라고 부른다. (예산군 제공)

는 슬로시티 이념과 딱 들어맞는다.

슬로시티를 산책하며 볼 수 있는 '배 맨 나무'는 660년 당나라 장군 소정방이 백제 부흥군을 치기 위해 대흥에 들어올 때 타고 온 배를 묶어 둔 나무라는 전설이 전해져 내려온다.

예산군 관계자는 "당시에는 물이 마을 주변까지 들어왔고 소정방이 배를 맸다는 이야기가 구전되고 있다"며 "역사적 사실 여부를 떠나서 이 나무가 그만큼 오래됐다는 사실을 방증하는 것 같다"고 전했다. 슬로시티에서는 임존성 등을 둘러볼 수 있는 '느린 꼬부랑길'을 걸으며, 삶의 무게와 스트레스를 잠시나마 내려놓을 수 있다. 이곳에는 매년 1만여명이 찾고 있다.

먹거리도 놓칠 수 없다. 어죽, 붕어찜, 곱창, 산채 정식, 한우 등
은 예산을 대표하는 먹을거리다. 어죽은 예당저수지에서 잡은 붕
어를 통째로 고아 국수와 쌀을 넣어 끓여낸다. 시래기를 밑에 깔
고 붕어를 2~3마리 올려 쪄내는 붕어찜은 특유의 비린내가 나지
않으면서도 담백한 맛이 일품이다.

예산전통 소갈비는 엄선된 한우를 전통방법으로 제조한 양념
육수를 부어 일정 시간 숙성시킨 후 숯불에 구워 먹는 것으로 부
드러운 식감을 자랑한다.

인근에 조성된 국내 유일의 황새 공원을 둘러본 후 찾으면 좋을
'광시 한우거리'에서는 명품 암소 한우 맛을 볼 수 있다. 정육점·
식당에서는 업주 스스로 키우거나 인근에서 공급받은 신선한 1등
급 암소만을 취급한다.

황새공원

조선 시대 가장 긴 돌다리,
땅속 전설 된 남석교

일제 1932년 제방공사 하면서 파묻어, 민족문화 말살 의혹
축조 시기 의견 분분

글 **심규석** 기자

청주의 대표적 전통시장인 육거리시장의 땅 밑에는 커다란 돌다리가 원형을 보존한 채 90년 가까이 묻혀 있다. 조선 시대까지 우리나라의 돌다리 중에서는 길이가 가장 길었다는 남석교다. 너비는 4.1m, 길이는 무려 80.85m에 달한다. 3행 26열의 돌기둥을 세운 뒤 널빤지 모양으로 다듬은 화강석을 대청마루 놓듯 이어놓은 모양새다.

땅속에 묻힌 청주 남석교 (청주시 제공)

南石橋

남석교 답교놀이

　남석교는 정월 대보름 답교踏橋놀이 장소로 유명했다. 예로부터 청주에서는 정월 대보름에 자기 나이만큼 남석교를 오가면 건강을 챙길 수 있을 뿐 아니라 소원을 이룰 수 있다고 전해져 다리를 건너는 풍습이 이어져 왔다. 하지만 지금은 땅속에 묻혀 있어 눈으로 볼 수 없고 건널 수도 없다. 청주문화원이 2002년부터 정월 대보름에 남석교 모형을 만들어 놓고 시민과 함께 다리를 건너는 답교놀이 재현을 하고 있을 뿐이다.

　이 돌다리가 왜 육거리시장 밑에 묻혀 있는 것일까. 그 원인은 1906년 발생한 대홍수에서 찾을 수 있다. 청주를 남북으로 가로지르는 무심천은 지금보다 훨씬 동쪽인 육거리시장 쪽으로 흘렀다. 무심천은 청주읍성으로 적군이 침입하는 것을 막는 일종의 해자垓字·성 둘레 연못 역할도 했는데, 그러다 보니 자연스럽게 청주읍성 남문과 연결된 남석교 주변에는 주막과 시장이 생겨 사람들로 북적거렸다고 한다.

그러다가 1906년 대홍수가 나면서 무심천의 물길이 서쪽으로 이동했고, 물이 흐르지 않게 된 남석교 바닥에는 매년 흙이 쌓이면서 돌다리로서의 효용 가치를 잃고 말았다. 일제는 1932년 청주 석교동 일대 제방공사를 하면서 이 돌다리를 흙으로 묻어버렸다. 도시 정비를 내세웠지만 실제로는 민족문화를 말살하려는 의도로 남석교를 묻어버렸다고 보는 시각이 많다. 남석교는 '볼 수 없는 돌다리'가 되면서 문화재로도 등록되지 못했다.

'기원전 57년' vs '조선 중기 이전'

축조 연대에 대해서는 학계의 의견이 분분하다. 기록을 보면 기원전 57년까지 거슬러 올라간다. 1894년 충남 청양의 조충현趙忠顯이라는 사람이 쓴 '하주당시고'荷珠堂詩稿라는 책자에는 남석교에 '한선제 오봉원년'漢宣帝 五鳳元年이라는 글귀가 새겨져 있다는 기록이 있다. 1923년 일본인이 발행한 '청주 연혁지'에도 하주당시고의 내용과 같은 기록이 담겨 있다. 한나라 선제 오봉원년은 기원전 57년인데, 박혁거세가 신라를 건국한 시점이다. 이 기록이 사실이라면 남석교는 2천여 년 전 축조된 어마어마한 역사를 자랑하는 돌다리인 셈이다.

남석교에 대한 기록이 담긴 가장 오래된 서적은 조선 중종 25년인 1530년 완성된 '신증동국여지승람'新增東國輿地勝覽이다. 영조 33년인 1757년 각지의 읍지邑誌를 묶어 펴낸 '여지도서'輿地圖書에도 관련 내용이 포함돼 있다. 신증동국여지승람에는 '대교大橋는 곧 정진원情盡院 앞의 다리이다'라는 기록이 남아 있고, 여지도서에

는 '대교는 일명 남석교로 곧 옛 정진원 앞의 다리이다'라는 글귀
가 있다. 정진원은 청주읍성의 남쪽에 있던 출장 관원들의 숙박시
설이었으며 남석교의 옛 이름이 '대교'로 불렸다는 점에서 조선 시
대까지 다리로서 제 기능을 했다는 점은 분명해 보인다.

축조 시기를 고려 시대로 보는 주장도 있다. 청주는 공주, 무주
등과 함께 풍수학적으로 행주형行舟形 도시에 해당한다. 사방에서
물이 모여들 듯 재화와 사람이 풍성히 모이는 형태라고 해서 붙여
진 명칭이다. 고려 광종 때 청주의 행주형 지세를 보완하기 위해
읍성 안에 돛대 구실을 하는 용두사지철당간국보 제41호을 세웠다.
홍건적의 난이 진압된 직후인 1361년 고려 공민왕이 청주에서 7

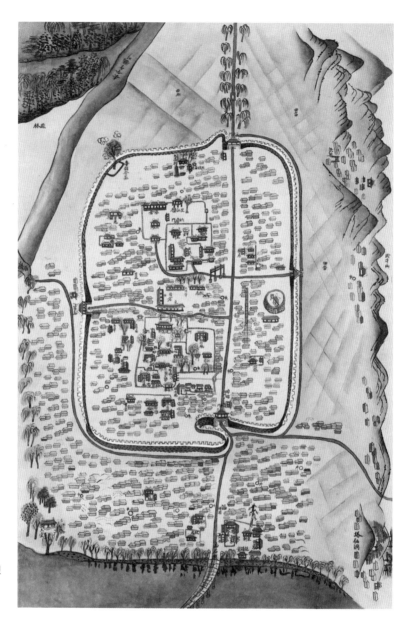

견상이 확인된
청주읍성도
(청주시 제공)

개월간 머물며 청주읍성을 임시수도로 삼은 적도 있다. 청주는 당
시 정치적·군사적으로 매우 중요한 지역으로 인식됐다. 충청·경

상·전라 등 삼도의 길목에 자리 잡고 있어 곡식 운반이 용이했고 바다와 멀리 떨어져 있어 안전했기 때문이다. 돌다리 설치 필요성이 고려 시대 때 부각되면서 남석교가 만들어졌을 것이라는 추론이 가능한 대목이다. 남석교의 네 귀퉁이에 서 있던, 고려 시대의 것으로 추정되는 견상犬像 4점 중 3점이 발굴되기도 했다.

전남 구례의 문화 류柳씨 고택인 운조루에 소장된 조선 후기 청주읍성도圖에서도 남석교 입구에 서 있는 견상을 찾아볼 수 있다. 박상일 청주문화원장은 "청주읍성과 밀접한 관련이 있는 남석교는 고려 시대에 축조됐고, 지금의 돌다리는 수차례의 보수 끝에 조선 시대에 만들어진 것으로 추정된다"고 말했다.

그러나 안타깝게도 남석교의 축조 시기에 대한 학계의 의견은 여전히 분분하다. 1975년 남석교 발굴에 나섰던 한 조사단은 이 돌다리가 조선 중기 이전에 축조됐다고 추정했고 청주대 박물관은 2004년 11월 축조 시기를 신라 진흥왕 이전으로 봤다.

청주대 박물관이 남석교의 장·단기적 활용방안 마련이 시급하다는 입장을 내놓으면서 청주시는 복원 작업을 추진했다. 땅속의 남석교로 접근하는 통로를 만들거나 이 다리를 내려다볼 수 있도록 지상에 투명한 구조물을 설치하는 방안 등이 검토됐다. 복원 공법과 활용방안에 대한 연구도 병행했다.

그러나 토지 보상비가 만만치 않은 데다 상권 위축을 우려하는 상인들의 반발 탓에 복원 사업은 첫 삽조차 뜨지 못했다. 남석교 밑이 모래땅이어서 복원에 나설 경우 육거리시장 지반 침하나 건물 붕괴가 우려된다는 분석이 나오기도 했다.

라이트캔버스로
부활한 청주 남석교
(청주 글로벌 명품시장
육성사업단 제공)

남석교 '라이트캔버스'로 부활

지금은 한국관광공사 청주 글로벌명품시장 육성사업단이 설치
한 육거리시장 내 라이트캔버스를 통해 남석교의 옛 모습을 볼 수
있을 뿐이다. 남석교 매몰 위치에 따라 시장 천장에 세로 1.5m, 가
로 2m 크기의 라이트캔버스 18개가 일렬로 설치됐는데, 이 라이
트캔버스에는 남석교의 춘하추동 모습이 담겨 있다. 복원 사업이
요원해지면서 한 세기 가깝게 땅속에 묻혀 있는 남석교가 빠른 시
일 내에 햇빛을 볼 날을 기대하기는 어려워졌다.

충북 청주

택지 개발에 묻힐뻔한
직지 탄생지 흥덕사

176

1985년 토지공사 택지 조성 중 흥덕사 터 발굴
현존 세계 최고最古 금속활자본 공인 후 13년 만에 절 터 확인

글 **심규석** 기자

직지(直指) 금속활자

'백운화상 초록 불조직지심체요절'白雲和尙 抄錄 佛祖直指心體要節·이하 직지은 현존하는 세계에서 가장 오래된 금속활자본이다. 1972년 프랑스 국립도서관에서 근무하던 역사학자 고 박병선 박사가 찾아냈다. 그 이전까지만 해도 1455년 발행된 구텐베르크 성서가 세계에서 가장 오래된 금속활자본으로 인정받았다. 이보다 78년 앞서 1377년 발행된 직지의 존재가 확인되면서 세계의 금속활자 역사가 바뀐 것이다.

직지 하권 마지막 장에는 '의광 칠년 정사 칠월 청주목외 흥덕사 주자인시'宜光七年 丁巳 七月 淸州牧外 興德寺 鑄

택지 개발에 묻힐뻔한
직지 탄생지 흥덕사

흥덕사 전경 (청주시 제공)

일부 복원된 흥덕사
(청주시 제공)

字印施라고 적혀 있다. 고려 우왕 3년¹³⁷⁷년 7월 청주목 교외의 흥덕
사에서 금속활자로 찍었다는 내용이다. 그러나 직지의 존재가 세
상에 알려졌을 때만 해도 정작 인쇄가 이뤄진 청주 흥덕사의 흔적
과 기록은 확인되지 않았다. 이미 오래전 사찰이 소실된 탓에 위치
를 확인하지 못한 충청북도와 청주시를 애태웠던 흥덕사가 베일
을 벗고 그 흔적을 세상에 드러낸 것은 직지가 발견되고도 13년이
지난 1985년의 일이다.

직지를 간행한 흥덕사 터

흥덕사 터는 청주시 운천동 양병산 동남쪽 기슭에 있다. 이 일
대에서는 신라 말기부터 불교문화를 꽃피웠을 것으로 추정되는
많은 유물이 발견됐지만, 지표 조사가 제대로 실시된 적이 없어 당
시만 해도 직지의 산실인 흥덕사 터라는 사실은 전혀 알려지지 않
았다.

그러다가 1984년 12월 옛 한국토지공사가 운천지구 택지개발
사업에 착수하고, 충북도 역시 비슷한 시기 청주대 박물관에 의뢰,
운천동 사지寺址 발굴조사에 나선 것이 흥덕사 터를 찾아내는 단
초를 제공했다.

이곳에서 그리 멀지 않은 연당리에서 고려 시대 것으로 추정
되는 장식기와인 치미와 기와 조각이 발견되자 충북도는 이듬해
1월 절터 보존을 위해 택지개발 공사 중지를 요청했다. 그러나 토
지공사는 공사를 강행하며 금당이 있었던 곳으로 보이는 곳의 흙
을 반출, 택지를 조성하며 원래 상태를 크게 훼손했다.

보전 필요성을 느낀 충북도 문화재위원회는 1985년 3월 긴급

발굴을 결의했고, 충북도는 그 해 7월 옛 문화재관리국의 발굴 허가를 받아 전면적인 조사에 나섰다. 이 터에서 반출된 흙으로 조성된 택지에서 청동소종靑銅小鐘과 청동금강저靑銅金剛杵, 청동금구靑銅禁口 등 불기佛器 25점이 수습됐고 사찰터의 윤곽도 확인됐다.

조사가 끝나갈 무렵인 1985년 10월 택지공사로 훼손된 절터의 동쪽에서 '갑인오월일 서원부 흥덕사 금구일좌'甲寅五月

'흥덕사'(興德寺) 새겨진 청동금구 복제품

日 西原府 興德寺 禁口臺座라고 쓰인 청동금구와 청동불기가 출토됐다. 이 절터가 직지를 인쇄한 흥덕사 터였음을 문자로 확실하게 증명한 귀중한 역사적 사료였다.

사안의 중대성을 확인한 옛 문화공보부는 흥덕사 터 일원에 대한 개발 중지 및 보존 지시와 함께 문화재 위원을 파견, 조사에 착수했고 1986년 5월 7일 흥덕사 터 일대 3만4천337㎡를 사적 제315호로 지정 공고했다. 당시 일각에서는 '흥덕사'라고 쓰인 금구 조각 하나만으로는 흥덕사 터라고 단정할 수 없다는 비판이 제기되기도 했다.

이런 여론에 따라 충북도는 청주대 박물관에 의뢰, 금속탐지기까지 동원해 토지공사가 실어 낸 흙으로 조성된 택지 지역을 정밀 조사했다. 그 결과 '흥덕사'라는 글자가 쓰인 청동유물이 다량

택지 개발 당시의 흥덕사 터 (청주시 제공)

발굴된 흥덕사 터 (청주시 제공)

택지 개발에 묻힐뻔한
적지 탄생지 흥덕사

수습됐고 특히 '황통십년경오사월일 흥덕사의 지중대사령인왕생정토지원불발일합구급운구입 중이근이량인'皇統十年庚午四月日 興德寺依 止重大師領仁往生淨土之愿佛鉢一盒具鍑雲口入 重二斤二兩印이라고 쓰인 청동불발도 발굴됐다. '황통십년경오'皇統十年庚午는 고려 의종 4년 1150년을 가리키는 것으로, 흥덕사의 연혁을 밝히는 중요한 자료였다.

직지의 도시 청주, 흥덕사 터 복원

발굴 과정에서 흥덕사는 남북 일직선 상에 중문中門과 탑塔, 금당金堂, 강당講堂이 배치되고 주위에 회랑回廊이 돌아간 신라 전통 양식인 단탑가람식單塔伽藍式 구조였던 것으로 파악됐다. '대중삼

청주고인쇄박물관 (청주시 제공)

년'大中三年이 새겨진 기와가 출토되면서 신라 문성왕849년 때 이미 이곳에 불사가 이뤄지고 있음도 확인됐다.

정부는 1987년 국비 29억3천900만원과 지방비 12억200만원 등 41억4천100만원을 들여 흥덕사 터 복원에 나섰다. 발주를 맡은 충북도는 1992년까지 각계의 조언을 받아 정면 5칸, 측면 3칸의 겹처마 팔각지붕 금당과 3층 석탑을 복원하고 회랑지와 강당지는 주춧돌이 노출되도록 잔디를 심어 정비했다.

택지 개발로 인해 영원히 묻힐 뻔했던, 세계 최고最古의 금속활자본을 찍어낸 역사적 유적이 비로소 제대로 된 모습을 갖춘 것이다. 흥덕사 터 남쪽에는 청주고인쇄박물관이 건립돼 우리나라 고인쇄 출판문화의 발달사를 익히는 과학교육의 장과 21세기 정보문화산업의 중심 메카로 활용되고 있다.

백두대간 첫 고갯길 쉼터
충주 미륵대원

신라 아달라왕 때 계립령으로 개통
고려 때까지 번성

글 **김형우** 기자

"3년[156년] 여름 3월, 서리가 내렸다. (같은 달에) 계립령鷄立嶺 길을 열었다."

삼국사기 신라본기에 아달라왕[재위 154~184년] 때 있었다고 기록한 한 구절이다. 이에 해당하는 원문을 보면 '개계립령로'[開鷄立嶺路]이니, 없던 길을 뚫었다는 뜻이다. 물론 이때 개착이 요즘의 터널을 말하는 것은 아니라 험준한 고갯길을 비로소 개통했다는 말이다. 현대의 고속도로 개통과는 다르지만 그 의미는 경부고속도로 개

석조여래입상과 오층석탑

통에 맞먹는 대사건이었다. 신라가 험준한 소백산맥에 막힌 한반
도 중부로 통하는 길을 열었기 때문이다.

　계립령 길이란 지금의 행정구역으로 따지면 충북 충주시 수안
보면 미륵리와 경북 문경시 문경읍 관음리를 잇는 고갯길이다. 지
금은 '하늘재'라 불린다. 오죽 그 길이 험준했으면 이렇게 부르겠
는가. 나아가 계립령 길은 현재까지 확인된 바로는 우리 땅에서 처
음 생긴 백두대간 고갯길이란 점에서도 아주 큰 의의가 있다. 그
런 까닭에 계립령은 군사적 요충이었을 뿐만 아니라 소백산맥을
넘나들며 활발히 활동하던 상인이나 관리들이 이용하던 길이었
다. 쉽게 말해 현재의 고속도로 같은 역할을 한 셈이다. 고속도로

에는 군데군데 휴게소가 있기 마련이다. 경부고속도로가 소백산맥을 관통하는 경북 김천과 충북 영동을 잇는 고갯마루엔 추풍령 휴게소가 있고, 태백산맥을 관통하는 이전 영동고속도로에는 대관령 휴게소가 있다. 마찬가지로 계립령 길에도 휴게소가 있었다. 길손들이 쉬어가는 휴게소 역할을 한 호텔이자 사찰, 바로 미륵대원彌勒大院이다.

미륵이 보호하는 휴게소

미륵이란 미래불이다. 현세의 석가모니 부처가 열반하고 난 뒤 5억6천만 년 뒤에 온다는 구원의 부처다. 석가모니는 그가 다음 보위를 이을 미래 부처임을 수기예언했다. 그런 까닭에 미륵보살, 혹은 미륵부처에 대한 불교신앙은 언제나 흥성했다. 구원의 부처이자 보살이니 산적이나 호랑이를 만날지도 모르는 고갯길 나그네들한테는 수호신이었다.

미륵대원은 당시 고갯길을 넘던 사람들의 애환과 아픔을 구원하고 보듬어준 삶의 안식처이자 휴게소였다. 미륵이라는 말로 보아 사찰이기도 했지만, 큰 집이라는 대원大院을 붙였으니, 숙박시설이기도 했다. 불교가 억압됐다는 조선시대까지만 해도 사찰은 휴게소를 겸한 데가 많았으니, 영남대로상에 위치하는 양산 통도사는 조선통신사가 자주 이용했다.

정치영 한국학중앙연구원 교수가 쓴 '충북의 고개문화'에 따르면 조선 시대 지리지인 신증동국여지승람에는 16세기 충북에만 해도 약 100개에 달하는 원院이 있었다. 발굴결과 회回자형 구조인 미륵대원에는 가운데에 말을 묶어 둔 마방馬房 시설이 있었던 것

눈 덮인 미륵대원지

으로 확인됐다. 조선시대 말은 곧 지금의 자동차였으니 그 성격을
알 만하다. 주변에서 터가 확인된 각종 건물은 여행객 숙소나 관
리인이 기거했던 곳으로 추정된다.

임대경 충주시 학예연구사는 "미륵대원 인근에는 민간이나 혹
은 국가 차원에서 사찰을 관리하는 시설이 있어 고개를 넘어가는
손님들에게 숙식을 제공했을 것으로 보인다"고 말했다.

또 하나의 석굴암, 거대한 미륵불

미륵대원 주변에는 석굴암과 비견될 정도로 장대한 미륵대불이
자리를 잡고 있다. 바로 석조 여래입상보물 제96호이다. 높이 10.6m
에 달하는 화강암 5개로 쌓아올린 돌부처를 마주하면 그 위풍당당
함에 압도된다. 석조 여래입상은 돌로 석실을 만들고 그 위를 목조
지붕으로 덮은 형식의 석굴이다. 중국이나 인도에서 볼 수 있는 자

보수공사가 한창인
석조 여래입상

연암반 기반의 석굴이 아닌 평지에 석축을 쌓고 흙으로 메운 축조 석굴이다. 지금은 지붕이 날아가는 바람에 그런 면모를 제대로 맛보긴 힘들지만, 이곳을 제2의 석굴암으로 일컫는 이유다.

석불은 둥근 얼굴에 활모양 눈썹과 넓적한 코 등 석조 여래입상의 표정이나 엉성한 옷 주름 표현, 원통형 몸체 등으로 볼 때 고려 초기 충청지방의 특징을 잘 반영하고 있다. 안타깝게도 지금은 보호석실 해체 보수 작업이 한창이라 가까이서 부처님의 온화한 미소를 눈으로 보지는 못한다. 1977년 발굴조사를 통해 세상에 알려진 미륵대원은 최근 석굴 주실 서측 부분이 침하하는 현상을 보여 2014년 7월부터 보수공사가 진행 중이다.

미륵대원을 지키는 사찰의 상징들

석조 여래입상 바로 앞에는 높이 6m인 오층석탑보물 제95호과 팔

각 석등충북도 유형문화재 제19호이 천년 세
월을 버티며 꿋꿋이 서 있어 미륵대
원의 아름다움을 더한다. 오층탑은
일반적인 탑들과는 사뭇 다른 느낌
을 준다. 자연석으로 된 탑의 맨 아래
기단부에서부터 몸통인 탑신부를 거
쳐 꼭대기인 상륜부까지 전체적으로
투박하고 둔중하다.

이에 반해 팔각 석등은 전체적으
로 균형이 잘 잡혀 보는 이로 하여금
차분함을 느끼게 한다. 전형적인 팔
각 석등으로 통일신라 양식의 석등
이다. 사각형 지대석과 연화 대석은
자연석으로 만들어졌다. 꼭대기에는
꽃봉오리 모양의 장식을 얹어놔 아
름다움을 뽐낸다.

팔각 석등과 오층석탑 바로 인근
에는 자연암반 위에 지름 1m쯤 되는
둥근 바위가 올려져 있다. 바위가 거
북처럼 생겼다고 해서 '거북바위'로
도 일컫는다. 고구려 평원왕平原王 시
절 신라군과 격전을 벌이던 온달 장
군이 이곳에 주둔하면서 주변에 힘
자랑하기 위해 이 둥근 바위를 들어
올리곤 했다는 전설이 전해 내려온
다. 그래서 '온달 장군 공깃돌'이라고

오층석탑(위)과 8각 석등의 모습(아래)

온달장군 공깃돌

도 불린다.

문경새재에 밀려난 계립령

사찰·휴게소 기능을 겸하며 고려 시대까지 고개를 넘는 손님들로 북적거리던 미륵대원은 조선 시대부터 점차 활기를 잃었다. 조선 초기부터 조령이 공식 교통로가 됐기 때문이다. 조령은 충북 괴산군 연풍면 원풍리와 문경시 문경읍 상초리를 잇는 고갯길로 새재라고도 한다. 경상도의 세곡 수송로이자 서울과 동래^{지금의 부산}를 연결하는 영남대로의 일부이기도 했다. 험준한 산세를 지녀 왜적이 쳐들어오면 계립령보다 군사적으로 방어하기가 쉽다는 장점이 있었다.

하지만 조령의 시대도 그리 오래가지 못했다. 일본강점기에는 괴산군 연풍면 주진리와 문경시 문경읍 각서리를 잇는 고개인 이화령이 중심 통로가 됐다. 1925년 일제가 이 고개에 신작로를 개설하고 경북 북부와 서울을 연결하는 3번 국도가 되면서 통행량이 급증하고 조령보다 중요성도 커졌다. 1998년에는 3번 국도가 확장하고 이화령 터널이 생기면서 이화령 옛 고갯길은 차량이 거의 통행하지 않게 됐다. 2004년에는 터널 구간으로 이화령 남쪽을 통과하는 중부내륙고속국도가 개통됐다.

교통로 문화사가인 서영일 한백문화재연구원장은 "시대별로 그 당시 집권세력이 필요했던 군사·지리적 요구에 따라 국가의 중요

오층석탑과 미륵대불

한 육상통로도 달라지곤 했다"고 설명했다. 그는 "각각의 고갯길
은 우리 역사에서 중요한 교통의 중심축이자 주변에 많은 문화유
산을 남긴 곳"이라고 평가했다.

옛날의 영화는 사라졌지만, 이 일대가 다시 살아날 움직임을 보

인다. 일반에는 아직 생소한 미륵대원지가 뛰어난 문화유산 현장으로 알려지기 시작했는가 하면, 숱한 이야기를 품은 옛 고갯길을 걷는 사람들의 발길도 빈번해지고 있다.

미륵대불 인근에서 동자승 모형의 인형들이 자리를 잡고 방문객들을 맞이하고 있다.

천혜의 자연이 선물한 가을 보양식
'남원추어탕'

섬진강의 살 오른 가을 미꾸리와 지리산 청정 시래기의 조합
전국적으로 500여곳 '남원 추어탕' 간판 걸고 성업

글 **백도인** 기자

여름이 삼계탕의 계절이라면 가을은 추어탕의 계절이다. 겨울잠
을 자기 위해 토실토실 살을 찌운 영양 만점의 미꾸라지가 제철을
맞기 때문이다. 미꾸라지를 뜻하는 한자 추鰍가 고기 어魚와 가을
추秋로 만들어진 것도 아마 그런 연유에서일 테다. 추어탕의 원조
는 단연 '춘향전의 고장' 전북 남원이다. '남원추어탕'이란 이름을
내걸고 성업 중인 업소만 전국에 500여개에 달한다.

어려웠던 시절 농부와 서민의 보양식

남원은 예로부터 섬진강과 지리산을 끼고 있는 청정한 농경 지
역이다. 섬진강은 추어탕의 핵심 재료인 미꾸라지를 키워내고, 지
리산은 추어탕에서 없어서는 안 될 시래기를 선사한다. 가을이면
맑은 섬진강 지류 곳곳에서 미꾸라지가 살을 찌우고, 지리산 자락
의 청정한 공기 속에서는 시래기로 쓰일 무청이 무럭무럭 자란다.
이런 풍성한 재료 덕분에 남원에서는 오래전부터 가을이면 집집
마다 추어탕을 끓여 먹었다. 넉넉히 살이 오른 미꾸라지와 시래기
로 만든 추어탕은 배고픈 시절 농부들과 서민들의 든든한 보양식
이었다.

실제 미꾸라지의 보양 효과는 예부터 널리 알려져 있다. 동의보
감은 "미꾸라지가 성질이 온하고 맛이 달아 속을 보하고 설사를
멎게 한다"고 했고, 조선의 명의 황필수는 '방약합편'에서 "미꾸라
지는 기를 더하고 주독酒毒을 풀고 당뇨병을 다스리며 위를 따뜻
하게 한다"고 설명했다. 중국 약학서 '본초강목'도 "미꾸라지는 배

를 덥히고 원기를 돋우며 양기에 좋고 백발을 흑발로 변하게 한다"고 극찬했다. 실제 영양학적으로 추어탕은 단백질과 칼슘, 무기질이 풍부해 원기를 회복해 주는 데 제격이며 불포화지방산 비율이 높아 성인병 예방에도 효과가 있는 것으로 전해진다.

토속음식으로 폭넓게 사랑받던 남원추어탕이 본격적으로 상업화의 길을 걷게 된 것은 1950년대 말이다. 남원의 대표적 관광지인 광한루원 주변에 추어탕 전문점들이 하나둘 들어서면서다. 1959년에 문을 열어 60년 가까이 한결같은 맛을 자랑하는 '3대원조 할매추어탕'과 '새집추어탕'이 그 시작이다. 값싸고 맛 좋으며 영양 많은 추어탕이 광한루원을 찾는 관광객과 시민의 사랑을 받으며 추어탕 집은 꾸준히 늘었고 현재는 50여 곳이 성업 중이다.

남원시도 이 일대를 '추어탕 거리'로 이름 붙이고 남원추어탕의
명성을 이어가기 위해 행정적인 지원을 아끼지 않고 있다.

추어탕 거리에 있는
추어 조형물
(남원시 제공)

맛 좋고 먹기 좋은 조리법, 국민 음식 발돋움

남원추어탕이 온 국민의 음식으로 사랑받게 된 것은 독특하면
서 편리하게 먹을 수 있는 조리법도 한몫했다. 1950년대만 해도
추어탕은 미꾸라지를 갈지 않고 통째로 넣어 끓인 서울식이 주류
를 이뤘다. 그러나 보기에도 좋지 않고 먹기에도 불편해 대중적인
음식으로 발돋움하는 데 한계가 있었다. 반면에 남원추어탕은 미
꾸라지를 삶은 뒤 갈아서 뼈를 발라내기 때문에 어린아이도 아무

전북 남원

런 부담 없이 먹을 수 있다. 여기에 된장으로 간을 맞추고 시래기와 함께 입맛에 따라 들깨, 토란대를 넣어 푹 끓인다. 입맛에 따라 초피가루나 산초가루를 뿌려 먹기도 한다.

남원추어탕은 원래 미꾸라지가 아니라 '미꾸리'로 만들었다. 미꾸라지는 몸통이 납작한 편인 데 반해 미꾸리는 몸통이 동그란 게 특징이다. 그래서 미꾸라지는 '넙죽이', 미꾸리는 '둥글이'로 불린다. 미꾸리는 미꾸라지보다 상대적으로 부드럽고 맛이 좋다. 미꾸리를 이용하는 남원추어탕이 유명해질 수밖에 없는 또 하나의 이

남원추어탕

추어 튀김

유다. 하지만 미꾸리는 구하기가 쉽지 않아 요즘에는 남원의 추어탕 전문점들도 주로 미꾸라지를 쓸 수밖에 없다. 다만 남원추어요리협의회에 가입된 전문점들은 미꾸라지든 미꾸리든 100% 국내산을 고집한다.

미꾸라지 요리는 추어탕이 전부가 아니다. 남원의 추어탕 전문점을 찾았다면 추어 숙회와 추어 튀김, 추어 전골도 꼭 한번은 맛봐야 한다. 숙회는 미꾸라지를 뜨거운 물에 통째로 익힌 것으로 초고추장에 찍어 먹거나 야채와 함께 먹으면 미꾸라지 고유의 맛을 제대로 느낄 수 있다. 튀김은 미꾸라지에 밀가루를 입히거나 풋고추에 미꾸라지를 넣어 기름에 튀긴 것으로 부드럽고 비린내가 나지 않아 좋다. 추어 전골은 미꾸라지를 갈아 만든 육수에 갖은 야채를 넣고 끓인 것으로 얼큰한 국물 맛이 그만이다.

남원추어탕의 변신은 무죄, 즉석 추어탕으로 세계 입맛 겨냥

남원추어탕은 이제 세계인의 입맛을 겨냥하고 있다. 남원시는 이마트와 손잡고 8개월간의 연구 개발 끝에 '즉석 남원추어탕'을 개발해 전국에 유통하고 있다. 이 추어탕은 남원에서 생산된 미꾸라지와 시래기로 만든 추어탕을 살균 처리한 것으로 뜨거운 물이나 전자레인지에 데워 즉석에서 먹을 수 있다. 이마트는 이 상품을 신세계백화점, 이마트 에브리데이 등 신세계 그룹의 모든 유통 채널에서 판매하고 중국, 베트남, 몽골 등 해외 점포에도 수출할 방침이다.

남원추어탕의 원래 재료였던 미꾸리를 대량 생산하는 작업도 본격화하고 있다. 남원시는 2020년까지 70억원을 들여 주생면에 4만2천700㎡ 규모의 미꾸리 양식단지를 조성한다. 자체 보유한 뛰어난 미꾸리 생산기술을 적용, 이 양식단지에서 고품질의 미꾸리를 생산해 공급한다는 계획이다. 남원시농업기술센터가 농가들과 손잡고 미꾸리를 대규모로 양식하는 작업도 본궤도에 올랐다.

남원시 관계자는 "추어 전과 무침, 전골 등 미꾸라지를 이용한 다양한 요리법도 개발하고 있다"며 "남원추어탕과 추어 요리를 우리나라를 대표하는 음식으로 만들어 남원의 이미지를 높이고 농가 소득도 높일 계획"이라고 말했다.

전북 군산

'아픈 과거도 역사다',
식민지 유산이 바꾼 도시, 군산

'수탈 흔적' 건물·적산가옥 복원해
근대문화 중심지로 탈바꿈

글 **최영수** 기자

전북 군산 옛 도심에서는 지도를 들고 있는 관광객을 흔히 볼 수 있다. 홀로 온 학생도 있고, 가족·친구와 함께 무리를 지은 관광객도 많다. '근대역사문화교육도시 군산'이라고 적힌 안내지도와 소개서를 낀 채 카메라를 들고 고색창연한 건축물의 사진을 찍고 이를 배경으로 추억도 담는다. 그 배경에는 일제강점기 흔적이 고스란히 남아있다. 군산은 이제 국내에서 근대문화유산이 가장 많은 역사 관광도시로 통한다. 이런 평가를 받기까지는 군산시의 정책이 큰 몫을 했다. 시는 2008년부터 '아픈 과거도 역사다'라는 캐치프레이즈를 내걸고 일제강점기 현장을 복원하고 재조명해 역사교육현장으로 바꿨다.

문동신 전 군산시장은 "나라를 뺏긴 고통을 경험하지 못한 세대와 청소년에게 당시 상황과 고통을 잘 보여주는 공간"이라며 교육·체험적 가치를 으뜸으로 꼽는다. 군산은 아이러니하게도 일제강점기 유산으로 돈을 버는 도시가 됐다.

해상유통 거점에서 개항 후 수탈·저항지로

군산의 근대는 군산항 개항^{1899년 5월} 즈음과 일제강점기를 포괄

군산 시간여행축제
(군산시 제공)

한다. 개항을 계기로 일본인과 그 문화가 들어와 해방 전까지 수
탈로 점철되고 저항이 잇따른 시기였다. 근대를 상소한다고 해서
개항 전 군산이 초라한 어촌이었다고 생각하면 오산이다.

'군산역사이야기'의 저자인 김중규 군산근대역사박물관 과장
은 "고려와 조선 때 관용항구로 활용된 군산포 역사를 부정한 채
개항으로 군산이 형성 발전한 것으로 오인하면 안 된다"고 강조한
다. 고려와 조선의 세금 창고인 '조창'이 설치된 쌀 집결지며 객주,
주막, 여관 등이 밀집하고 장사꾼이 모이는 활발한 항구였다고 그
는 말한다. 금강과 서해를 접한 자연조건 때문에 삼국시대부터 서
해안 물류유통의 중심지였고 그런 까닭에 외적의 주요 공격 대상
지가 되기도 했다. 조선왕조실록이나 신증동국여지승람에 보이는
기록이나 옛 지도 등에서도 이를 확인할 수 있다.

군산은 개항 후 일제 침략 교두보와 쌀 공급·반출지로 아픔을
겪는다. 1933년 군산항의 쌀 수출량은 당시 우리나라 전체의 53%

에 달했다고 한다. 군산항은 일본에 의해 사실상 강제 개항한 항구다. 일본은 조선을 침탈하고 인천과 목포를 잇는 서해 중부 중심도시로 군산을 활용하려 했다. 비상시 군대 주둔 및 보급기지로 쓰려는 목적도 있었다. 일본은 1908년 전주~군산 2차선 포장도로 폭 7m, 전장 46.4㎞와 1912년 익산~군산 철도를 개통해 군산으로의 접근성을 크게 높였다. 네 차례 축항 공사로 1930년대 군산항의 무역량은 개항 당시의 100배를 훌쩍 넘겼다.

개항 후 군산에는 외국인 거주지역인 조계지를 중심으로 서양과 일본의 문물이 들어오고 건물도 들어섰다. 일본인들은 시내 중심지를 싸게 사 중앙동, 영화동, 장미동, 해망동 일대에 관공서, 은행, 회사 건물을 짓고 조선인들을 부렸다. 조선인들은 산기슭에 초막집을 짓고 허드렛일, 막노동, 부두 하역 등으로 근근이 생계를 이었다. 전체 인구 3만7천명 중 일본인이 1만명에 달한 1934년 쌀 200만 섬이 반출될 때 조선인들은 깻묵, 콩, 죽으로 연명해야 했다.

군산항에 쌓인
쌀더미 (군산시 제공)

핍박받던 조선인들은 거세게 저항했다. 1919년 3월 5일부터 연인원 2만6천여명이 참가한 호남 최초의 만세운동을 벌여 21명이 사망하고 수백명이 부상했다고 전해진다. 1927년 11월에는 일본인 이엽사二葉社 농장주의 75% 소작료 요구와 폭압에 군산 옥구 소작농들이 들고일어났다. 1920~1930년대 전북에서 소작쟁의가 20여 건 있었는데, 옥구 항쟁이 가장 큰 규모였다. 1927년과 1930년에는 각각 정미소 직원과 미선공쌀 품질검사 여성들이 부당한 처우와 핍박에 총파업으로 항거하기도 했다.

'수탈의 현장'에 일본이 세운 건축물

쌀과 자원이 유출되는 전진기지인 군산항에는 쌀과 생필품을 실어가는 증기 선박이 줄을 이었다. 주변에는 이를 관리하기 위한 관공서나 건축물이 들어섰다. 1899년 6월 조계지로 설정된 옛 도심권에는 현재 조선은행, 일본 제18은행, 일본식 가옥 등을 포함한 170여 채의 근대유산 건물이 남아있다.

'쌀을 쌓아두는 곳'을 뜻하는 장미동臧米洞 부두에는 호남에서 수탈한 쌀이 산더미처럼 쌓였다고 한다. 그 곳에 1908년 붉은 벽돌과 화강암을 두른 일본식 군산세관이 세워졌다. 고딕과 로마네스크 양식을 섞은 이 건물은 현재까지 남아 전북도 기념물87호로 지정됐다가 지금은 호남관세박물관으로 재탄생했다. 그 옆에는 1923년 지은 옛 조선은행 군산지점 건물국가등록문화재 374호이 들어서 있다. 조선총독부 금융기관인 조선은행은 일본 상인들이 상권을 장악하도록 하는 데 앞장섰다. 당시 군산에서 가장 컸던 이 건축물은 지금 근대건축관으로 활용되고 있다.

1908년 완공된 옛 군산세관 모습(위)과 복원한 옛 조선은행 건물(아래)

또 인근에 일본 제18은행 군산지점 건물^{국가등록문화재 372호}이 있다. 1907년 조선에서 일곱 번째 지점으로 건립돼 일본인에게 고리 대금 자금을 댔다. 일본인들은 싼 이자로 대출받아 토지를 담보로 높은 이자에 빌려준 뒤 못 갚거나 뒤늦게 찾아온 농민들의 땅을 빼앗았다. 지금은 미술작품과 지역작가 전시공간인 근대미술관이 됐다. 바로 옆 1930년대 무역·상업시설인 미즈상사 건물은 북카 페로 변모했다.

5분 거리인 내항에는 쌀을 쉽게 반출하려고 만든 부잔교^{뜬다리 부 두}가 남아있다. 밀물 때 수면에 떠오르고 썰물 때는 수면만큼 내려

일제강점기에 군산항에 건설된 뜬다리부두

전북 군산

가는 선박 접안시설이다. 1938년까지 3천t급 기선들이 접안하도록 총 4기가 축조됐다. 1926년 부잔교 준공식에 참가한 사이토 총독은 부두에 쌓인 쌀을 보고 "아! 쌀의 군산"이라고 탄성을 질렀다는 얘기도 전해진다.

가옥과 사찰들도 남아있다. 신흥동에 있는 일본식 2층 목조집인 히로쓰 가옥^{국가등록문화재 183호}이 대표적이다. 농장과 포목점 운영자의 집이다. 'ㄱ'자형 건물 두 채가 붙어있고 일본식 정원, 다다미방 등도 잘 보존됐다. 적산가옥 중 가장 크고 잘 지어 지금도 방문객의 발길이 끊임없이 이어진다.

월명공원 인근에는 국내에 남아 있는 유일의 일본식 사찰인 동국사^{국가등록문화재 64호}가 있다. 1913년 대웅전과 건물 등이 건립됐다. 일본 종단인 조동종이 강제 지배를 반성한 '참회와 사죄의 글' 참사비가 있고, 그 옆에는 '평화의 소녀상'이 2015년 8월 사찰 경내로는 처음 세워졌다. 동국사는 고은 시인이 입문한 곳으로도 유명하다. 현재는 빵집 '이성당'과 더불어 군산을 대표하는 아이콘이 됐다. 이 근처에는 1926년 도심과 수산물 집합소인 해망동을 연결한 반원형의 터널 해망굴^{국가등록문화재 184호}이 있는데, 6·25 한국전쟁 때 인민군 지휘소로 사용돼 연합군의 공격을 받은 총탄 흔적이 남아있다.

역사적 건축물 보존·복원, 근대역사도시로 도약

군산시는 2008년부터 옛 도심권에 남은 건축물을 활용해 근대문화도시 조성에 나섰다. 이복웅 당시 군산문화원장을 중심으로 근대문화벨트화사업 추진위원회를 구성, 건축물 복원·활성화 방

신흥동 일본식 가옥(히로쓰 가옥) 내부와 안뜰

전북 군산

안을 마련해 근대 건축물을 실사했다. 그 결과를 토대로 근대문화유산을 복원하고 역사 학습, 체험, 문화예술의 공간으로 꾸몄다. 옛 건물과 가옥 등을 묶어 근대 시간여행지로 조성했다. 옛 도심은 수탈의 실상과 저항정신을 알고 애국심을 고취하는 현장으로 변모했다. 군산은 어느덧 연간 100만명이 찾아오는 관광도시가 됐다.

군산시 관계자는 "근대역사 벨트는 건축물과 경관을 관광하는 곳일 뿐 아니라 교육과 이야기가 있는 생생한 역사의 현장"이라며 "일제의 침탈에 따른 비참한 현실, 착취 현황, 민초 들의 저항을 생생히 알 수 있다"고 말했다.

이복웅 군산역사문화연구원장은 "지역에 관한 역사인식을 새롭게 하고 옛 도심을 보전 발전시키는 사업으로 군산은 근대문화 중심지가 됐다"며 "주민이 참여하고 새 콘텐츠를 개발해 옛 도심에 생명력을 불어넣어야 한다"고 제언했다.

전통농법 고수하는 천년 역사
완주 '봉상생강'

'전주부 생강 으뜸' 옛 문헌에 명시
봉상생강 농업관광화 시동

글 **임채두** 기자

'Eat the ginger.' 생강을 뜻하는 영어단어 'ginger'가 포함된 영어 숙어다. '생강을 먹다'가 아닌 '가장 좋은 부분노른자위을 차지한다'는 뜻의 표현이다. 시간을 거슬러 고려 시대엔 왕이 생강을 상으로 하사했고, 생강을 차지하기 위한 싸움까지 벌어졌다는 기록도 있다.

동서양을 막론하고 생강은 예로부터 귀한 식재료다. 혈액순환과 항암, 면역력 증진, 고혈압, 뇌경색 등에 효능이 탁월하다고도 알려졌다. 생강 중에서도 역사와 전통을 자랑하는 전북 완주군 봉동읍 '봉상생강'이 완주군민의 자부심으로 자리 잡은 까닭이다.

천년 전통 봉상생강, 고려사에 등장

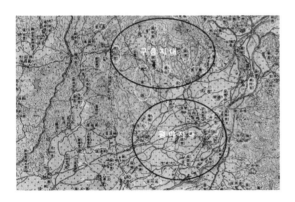

1918년 봉동 지도 (완주군 제공)

완주군 봉동읍에서 재배되는 봉상생강은 봉동읍의 옛 지명인 '봉상'에서 따온 이름이다. 1914년 3월 봉상면 9개 리와 우동면 5개 리가 합쳐져 봉동면이 됐다. 봉동면은 다시 1973년 7월에

읍으로 승격했다. 행정구역명 개칭 후 봉동지역 생강 재배 면적은 1994년에 정점536.1ha을 찍었다가 산업화 흐름에 휩쓸려 1/5수준102ha·2015년으로 축소됐다. 생산량은 2011년부터 줄어들기 시작해 2015년에는 1천387t에 머물렀다. 그런데도 봉상생강이 품질 으뜸으로 전국에 회자되는 배경에는 우수한 종자가 뿌리내릴 수밖에 없는 재배 환경이 있다.

생강 재배지는 완주군 봉동읍 은하리와 은상리에 걸쳐 있다. 봉동읍 북쪽은 봉실산이 병풍처럼 둘러 있고 남쪽은 동쪽에서 서남쪽으로 흐르는 만경강 수계 고산천 물줄기가 들녘으로 뻗어 있다. 만경강 수계 여러 물길이 굽이치면서 형성된 토양은 물 빠짐이 좋고 영양이 풍부해 양질의 생강을 수확하기에 안성맞춤이다. 생강 종자와 수확한 생강을 보관하는 '생강굴'이 들어설 최적의 조건이기도 하다.

봉상생강 재배 역사는 현재까지 주어진 기록에 의하면 고려시대로 거슬러 올라간다. 고려사를 보면 현종 9년1018 8월에 왕이 전교하기를 "을묘년1015년 이래 북방에서 전사한 장병들의 부모와 처자식에게 계급에 따라 차와 생강[薑], 베를 하사하라"고 했다. 그렇다면 왜 현종은 전사 유가족들에게 생강을 내렸을까.

고대 중국 약물학서인 '신농본초경'에서는 생강을 "오래 복용하면 (몸의) 나쁜 냄새를 없애준다"고 하고, 또 다른 의학서인 명의별록名醫別錄에서는 추위로 인한 병과 두통, 코막힘, 구토 치료에 좋다고 했다. 임금이 약물로 하사한 이유가 여기에 있다.

완주군은 당시 생강 생산지가 전주부전주-완주 행정구역 분리 전 명칭 밖에 없었다는 점을 들어 봉상생강의 유래를 추정했다. 세종실록지리지와 동의보감, 택리지 같은 문헌에도 '생강은 우리나라에서 오직 전주부에서 생산', '생강은 전주 것이 으뜸'이라는 내용이 보인다.

전통농법 고수, '최초 생강 재배지' 자부심 지킨다

봉상생강 수확 모습 (완주군 제공)

봉동읍에서 생강 재배에 종사하는 완주군민은 전통 농업을 고수하며 생강 최초 재배지역이라는 자부심을 지킨다. 대부분 농가는 생강에 볏짚을 덮는 방식을 택했다. 토양을 개량하는 '땅심 돋기' → 종자 소독 → 파종 → 볏짚 덮기 → 생강 수확 → 윤작 준비 과정이 순환된다. 비닐은 사용하지 않고 전통 방식으로 밭 갈이하며 연작같은 땅에 같은 작물을 해마다 심는 일은 하지 않는다. 파종 후 누에똥이나 썩은 퇴비, 쇠똥 따위를 거름으로 준 뒤 볏짚으로 덮어주고 수확한 생강을 토굴에 저장한다.

허균이 지은 '한정록'이나 홍만선의 '산림경제' 등 고문서를 토대로 전통 농업 방식을 구현했다. 한때 현대화 방식을 도입했었지만, 고유 방식만 한 결과를 얻지 못했다. 그늘을 만들려고 흑색 비닐을 덮어봤지만, 생강 싹이 뻗어 나가지 못했고, 트랙터로 밭을 갈면 비를 맞았을 때 흙 밀도가 높아져 우수한 품종 생산이 어려 웠다. 결국 선조의 지혜가 담긴 방식으로 되돌아왔다. 완주군은 토 종 생강으로 국민의 사랑을 받은 봉동 생강의 화려했던 명성을 회 복하고자 생강 재배 방식이나 역사를 밝힐 고증위원회를 발족하 기도 했다.

"향 진한 생강 맛보세요", 축제 성황에 가공식품도 풍성

김장철이면 빼놓을 수 없는 식재료가 생강이다. 김장철을 앞두 고 봉동읍 생강골 시장에서는 생강대축제가 열린다. 음식 양념이 기도 하지만 질병 치유와 보양에 효능을 보이는 약재로도 쓰이기 때문에 관심이 더 높다.

생강을 이용한 가공식품도 많은 사랑을 받는다. 생강 절임, 생 강액기스, 생강가루, 생강 한과 등이 대표적이다. 마늘보다 강한 알싸한 맛을 줄이고자 생강을 한번 물에 삶아내는 방법으로 더 친 숙하고도 달큰한 맛을 냈다. 최근 봉동농협에서 출시한 '생강 골 봉동 편강'도 표백제나 향료 등 첨가물을 전혀 사용하지 않아 인 기다. 봉상생강을 활용해 고부가 기능성 건강식품을 개발하려는 움직임도 활발하다.

완주군은 생산농가―지역연구소―대학―기업체로 이어지는 유기적 연계를 통해 2020년까지 단계적으로 지표성분 선정을 비 롯해 원료 표준화, 기능성 및 안전성 평가, 학술 및 홍보마케팅 등 을 추진하기로 했다.

봉상생강은 '농업 유산', 에코 농업관광화 움직임

완주군은 생강농업 관광 활성화를 위한 로드맵을 구상 중이다. 봉상생강 학습체험장 운영과 유·무형 자원의 스토리텔링이 대표적이다. 다양한 생물 종이 공생하는 생강굴을 학습체험장으로 조성해 외부에 공개한다는 계획이다. 생강굴과 재배지 등 농업 유산이 있는 곳을 주변 경관과 어울리는 '에코 탐방코스'로 개발하는 방안도 검토 중이다. 탐방코스 내 휴게시설이나 전망시설, 봉상생강에 대한 기본정보를 제공하는 시설을 배치할 수도 있다.

봉상생강 역사와 문화를 근간으로 한 흥미로운 역사를 알아보는 '스토리텔링'도 고려 대상이다. 봉동읍에는 구바위^{세 개의 바위가} ^{세 곳에 나뉘어 있음} 전설이 내려져 오는데 이곳이 최초로 생강을 발

봉상생강 설화 배경지 (완주군 제공)

견·재배한 장소라는 이야기가 전한다. 고려 초에 신만석이라는 사람이 중국 봉성현이라는 곳에서 생강 뿌리를 얻어와 전남 나주와 황해도 봉산군에 심었지만, 토양이 맞지 않았는지 재배에 실패했고, 결국 재배에 성공한 곳이 완주의 봉상^{지금의 봉동}이었다는 설도 있다. 봉상생강 설화는 동화책이나 만화책 형태의 스토리텔링 북으로 제작돼 봉상생강의 역사와 가치를 알리는 데 활용될 예정이다.

완주군 관계자는 "유구한 역사를 자랑하는 완주군 특산물이 외부에 잘 알려지지 않아 홍보 효과를 극대화할 방안을 모색 중"이라며 "전통 방식으로 고집 있게 생강을 재배하는 완주군민이 더욱 자부심을 품고 농업에 종사할 수 있는 환경을 만들겠다"고 말했다.

달동네 광주 발산마을,
개성 발산 '핫플' 변신

청춘발산마을

근현대사 굽이마다 애환 가득
주민·청년 똘똘 뭉쳐 활력 되찾아

글 **정회성** 기자

광주시 서구 양3동 발산마을은 구한말까지 군분면 연예리로 불리던 광주천 하류에 터를 잡았다. 마을을 낀 양동 일원은 일제강점기 큰 장이 서기 시작하면서 황무지였던 갈대밭이 시가지로 변모했다. 마을 이름 발산缽山은 뒷산이 공양 그릇인 바리를 엎어놓은 형상에서 유래했다는 설이 있다. 지금은 복개공사로 볼 수 없지만 마을을 가로지르는 광주천에 발을 치고 고기를 많이 잡아 발산이라는 지명을 얻었다는 견해도 있다.

　작은 마을이었던 발산은 한국전쟁 이후 몰려든 피난민으로 주민 수가 급격히 불어났다. 1960년대 들어 광주천 건너 방직공장들이 호황을 이루자 마을은 또 한 번 산비탈을 야금야금 축내며 팽창했다. 그러나 방직공장에서 만들던 광목을 찾는 사람이 줄고,

주민이 하나둘 떠나면서 쇠락기에 접어든 발산마을 (광주 서구 제공)

젊은이가 일자리를 찾아 떠나면서 발산마을은 1990년대 쇠락의 길로 들어섰다. 광주시민조차 아는 이가 드문 낙후 마을로 쇠퇴하면서 "발산으로 갑시다"를 못 알아들은 택시기사가 '양3동'이라는 설명에 6㎞ 떨어진 북구 '양산동'으로 차를 몰았다는 웃지 못할 일화도 있다.

개성과 활력을 발산하는 달동네

　화창한 밤마다 별이 총총히 떠올라 '별마루'라고도 불린 발산 마을은 쇠락기에 접어든 와중에도 체조영웅 양학선을 비롯해 곳곳에서 꿈을 펼치는 청년들을 길러냈다. 낡은 동네가 젊은 예술가를 불러모아 개성과 활력을 발산하는 마을로 거듭나게 된 기적

발산마을 가꾸기에 나선 주민과 청년들 (광주창조경제혁신센터 제공)

은 한데 모여 꼼지락거리며 마을을 가꾼 어르신 공동체에서 싹이
텄다.

"우리가 매달 20만원씩 노령연금을 받는데 노인이라고 나라에
서 주는 돈만 받지 말고 천변길에 난 풀이라도 매자고 했지. 외지
에서 온 사람이 오가며 봤을 때 좋지 않은 모습은 보이지 말아야
하지 않겠냐 한 거야. 나라 사랑이 뭐 별거여. 내 동네 깨끗하게 하
는 것부터지."

마을공동체에서 활동한 한 어르신은 마을 역사를 돌아보며 풀
매기에 나섰던 2006년을 이렇게 떠올렸다.

광주시는 지역의 대표적인 달동네 발산마을에 찾아온 변화상

낡은 달동네에서 '핫플'로 거듭난 발산마을 (현대자동차그룹 제공)

에 활력을 불어넣고자 2014년 문
화체육관광부와 함께 예술인촌
조성 사업을 추진했다. 단순히 물
리적 주거환경만 바꾸지 않고, 주
민 참여와 역량 강화로 변화를 지
속하는 마을 토대 만들기에 나섰
다. 국토교통부와 서구청이 함께
나선 새뜰마을사업, 현대자동차그
룹의 공공미술프리즘사업도 잇따
르면서 마을재생이 본격화했다.

한솥밥 나눠 먹는 발산마을 주민과 창업 청년 (광주 서구 제공)

　2천232가구 중 홀로 사는 집이 740가구에 달하고 폐·공가는
28채, 주민 약 40%가 취약계층이었던 마을은 주민 일상에서 잊힌
공동체 문화가 되살아난 청춘발산마을로 탈바꿈했다.

　마을 전체를 도색하고 마을의 고유한 아름다움을 발굴해 주민
과 청년이 함께 공공미술 프로젝트를 벌였다. 1970년대 발산마을
여공女工들의 꿈과 희망을 현세대의 꿈으로 재해석한 '마을 텍스
트' 프로젝트를 펼쳐 동네 풍경을 바꿨다. 서구청은 사람이 떠난
빈집을 사들여 청년 기업 입주를 지원했다. 식당, 카페, 미술관, 예
술작업공간 등 다양한 업종의 청년 기업이 2016년 3팀, 이듬해 10
팀이 입주했다. 문화공동체 공간인 '청춘빌리지'가 문을 열면서
주민과 창업 청년이 한자리에 모이는 구심점도 마련됐다. 주민,
청년은 소통과 협업을 위한 반상회 '가마솥부뚜막공동체'를 꾸렸
다. 함께 밥 짓고 나눠 먹으며 정을 나누고 마을사업을 함께 고민
한다.

꿈을 발산하는 마을

청춘발산마을은 불과 수년 사이 SNS에서 '광주 가볼 만한 곳', '사진 찍기 좋은 마을', '주민과 청년이 공존하는 마을'로 이름을 알리고 있다. 도시재생 성공 이후 매달 6천여명이 발산마을을 방문했고, 주택 공실률은 36% 줄었다.

장종연 청춘발산마을 주민대표협의회장은 "방직공장 여공들이 아슬아슬 광주천을 건넜던 뽕뽕다리와 양학선 선수가 성장기를 보낸 집을 되살리는 등 애환 서린 스토리텔링으로 마을재생을 이어가겠다"며 "많이 놀러와 주세요"라고 말했다.

효자가 된 호두,
장흥 '귀족호도'

먹지도 못하는 호두가 장흥의 '명물' 되다
'귀한 몸', 비빌수록 건강에 좋아

글 **형민우** 기자

깊어가는 가을, 벼는 노랗게 익어 고개를 떨구고 열매는 제 무게를 못이겨 땅에 떨어진다.

수확의 계절에 제 몸에 비해 귀한 대접을 받는 토종 열매가 있다. 이름부터 남다른 장흥 '귀족호도'다. 표준말은 '호두'지만 장흥에서는 한자에서 유래한 '귀족호도'를 상표 등록해 사용하고 있다. 호두하면 고소한 호두과자를 떠올리는 사람이 많지만, '귀족호도'라면 고개를 갸웃거리는 사람이 많다. 씨에 알이 들어있지 않아 먹을 수도 없는데도 어른들의 손 노리갯감으로 쓰는 호두 한쌍[2개]이

전남 장흥군 장흥읍
귀족호도박물관

100만원이 넘는다면 귀족호도라 칭하고도 남는다. 물 맑고 산이 깊은 장흥에 가면 귀족호도박물관^{장흥읍 향양리}을 만날 수 있다.

"호두가 효자여"
김재원 관장이
세척이 끝난 호두를
들어 보이고 있다.

귀족호도 한 벌에 수백만 원

귀족호도박물관은 김재원(60) 관장이 장흥군 농업기술센터에서 공직 생활을 마치고 지난 2002년 사비를 털어 문을 열었다. 박물관은 귀족호도 기획전시관과 분재미술관, 무늬동백생태관, 자원식물관, 귀족호도나무 배양실, 귀족호도 테마공원, 체험 교육장 등으로 이뤄졌다. 박물관 주변에는 20~25년 된 귀족호도나무가 20그루 있다. 이 가운데 심은지 30년 된 귀족호도나무 1호가 손님을 반긴다.

전남 장흥

텍스트 내 이미지 라벨:
4각 사랑
6각 홍화
시가 1억
학계 및 언론 추정

호두 한쌍이 '1억'.
귀족호도박물관에
전시 중인 1억원 상
당의 6각 호두.

귀족호도 기획전시관에는 국내외에서 수집한 500여점의 다양한 호두가 전시돼 있다. 100년에 한 벌 정도 나올까 말까 하는 희귀종인 6각 호두를 만날 수 있다. 호두는 보통 쪼갰을 때 두 조각으로 갈라지는 양각[2각]이 기본이지만, 6각 호두는 2각 호두 3알이 붙어 만들어지는 것으로 호두 애호가들 사이에서는 명품으로 친다. 지금까지 4명이 구매의사를 밝혔고 가격도 1억 원 이상을 호가했다고 한다. 김 관장은 그러나 6각 호두의 소장과 전시가 더 중요하다고 판단해 지금까지 팔지 않고 있다. 최근에는 7각 호두 한벌이 나와 화제가 됐다.

분재전시관에는 명품 소나무 분재 100여점이 전시돼 있다. 김 관장이 40여년간 직접 자식처럼 가꿨다. 무늬동백생태관에는 유전자 변이로 잎에 무지갯빛 그림이 그려진 100여종의 무늬동백이 선보여 눈길을 끈다. 귀족호도나무 배양실에서는 300년 된 귀족

호도나무를 접목해 배양하고 있다.

　고교 동창과 박물관을 찾은 정수영[73·서울 양천구]씨는 "70년을 넘게 살았지만 이런 호두는 처음이어서 생소한 느낌이었다"며 "손으로 들고 굴리면 건강에 매우 좋을 것 같다"고 말했다.

전남 장흥

'와글와글 개골개골', 굴리면 굴릴수록 건강에 '득'

　김 관장에 따르면 남종화의 대가 허백련[1891~1977] 선생은 호두를 '귀여운 개구리'라 불렀다. 허 선생은 "나 혼자 있을 때는 와글와글 과글과글 개골개골 소리를 내다 보면 봄철에 우는 개구리 소리 같이 마음이 푼해지고 가는 길이 가벼워지더라"라고 썼다.

　호두는 예부터 어른들의 손 노리갯감으로 사랑을 받았다. 두 알을 손안에 넣고 비벼 돌리면 투명한 옥소리가 난다. 망치로 두드려 깨지지 않을 정도로 단단해 지압용으로는 그만이다. 영남대 의과대학 연구팀의 임상 시험 결과, 호두를 지압용으로 이용하면 손끝 말초신경을 자극해 피로 회복을 돕고 치매 예방과 수전증 방지, 피부 미용에도 효과가 큰 것으로 조사됐다. 이런 유명세 탓인지 최근에는 서울의 한 백화점에서 귀족호도 한 쌍을 상자에 담아 30만~120만원에 팔기도 했다. 명품으로 판매하는 호두는 10만원부터 거래되지만, 보급형은 1만~2만원이면 살 수 있다.

귀족호도박물관을
찾은 관광객들

'효자'가 된 귀족호도, 유명 인사와도 '인연'

　장흥의 귀족호도 나무는 자생 수종인 가래나무와 외래 수종인 호두나무가 300여년 전에 자연 교배된 것으로 추정된다. 실제 귀족호도박물관에는 수령 300년 된 호두나무에서 희귀한 호두가 나오고 있다. 이 나무는 2012년 태풍 볼라벤에 쓰러져 누워 있지만, 가을이면 어김없이 열매가 열리고 있

귀족호도를 설명하고
있는 김 관장

다. 알이 없어 먹지도 못하는 호두지만, 김 관장의 노력 덕에 귀한
몸이 됐다. 매년 11월 4일을 귀족호도의 날로 정해 일반인들에게
희귀한 호두를 선보인다.

　귀족호도는 명사와 인연도 깊다. 김대중·노무현 전 대통령을 비
롯해 김원기 전 국회의장, 한승수 전 국무총리에게 선물로 전달할
정도로 지역의 특산물로 자리를 잡았다. 2016년 8월에는 민생탐
방에 나선 문재인 대통령이 귀족호도박물관을 방문하기도 했다.

　귀족호도박물관에는 해마다 3만5천여명이 찾고 있다. 교육체
험프로그램도 60회가 열려 2천명이 참가하고 비정규프로그램도
40회에 1천500명이 찾는다. 김 관장은 교육프로그램을 통해 나무
와 농촌, 효도 이야기를 해준다. 귀족호도박물관은 장애인과 성직
자, 군인을 최고의 VIP로 대접하고 있다. 이들에게는 무료로 기념
품을 주고 제품을 구매할 때 절반을 할인해준다. 몸이 불편한 노

인들에게 무료로 건강 지압용 호도를 전달하는 등 봉사활동도 하고 있다.

김 관장은 "이곳을 교육의 장으로 만들어 후학을 양성하고 문화를 향유하는 센터로 만들고 싶다"며 "장흥의 귀족호도를 더 널리 알리는 데 힘을 쏟겠다"고 말했다.

대원군도 인정한 호남 유학의
본향 장성

嚴溫門

鳳巖書院廟遊碑

반경 10km 안에 김인후·기정진 등 성리학자 고향
"글로는 장성만 한 데가 없다"

글 **김재선** 기자

문불여장성文不如長城. 전남 장성역 앞에 선 큼지막한 선돌에 적힌 문구다. 글文로는 장성만 한 데가 없다는 자부심의 표현이다. 조선 말 흥선대원군 이하응이 전라도 53개 고을을 둘러보고 장성을 두고 했다는 말이다. 도대체 무엇을 근거로 이런 말을 했을까.

고봉高峰 기대승이 30대 나이에 당대의 거유巨儒 퇴계 이황과 12년 동안 서한을 주고받으면서 벌인 사단칠정四端七情 논쟁은 실상 장성을 시발지로 삼는다고 봐도 무방하다. 이 논쟁에 앞서 고봉은 당대의 또 다른 거유로 인근 장성 땅에 사는 하서河西 김인후와 태극도설太極圖說을 주제로 하는 또 다른 성리학 토론을 벌인다. 여기서 자신을 얻은 그는 마침내 퇴계를 향한 비판을 개시했다고 한다. 조선 중기 유학계를 뜨거운 철학논쟁으로 이끈 이들 세 사람 중 하서가 장성 출신이며, 고봉은 장성 바로 옆에 위치한 지금의 광주 광산구 태생이다.

장성은 2018년 말 현재 인구가 4만7천여 명에 불과한 소도시다. 이 작은 도시가 조선 시대에는 경북 안동에 견주는 호남 성리학의 본고장이었던 셈이다. 흥선대원군이 장성을 이렇듯 높이 평가한 것에 고개가 끄덕여진다.

과거시험 초장엔 포천 선비, 종장엔 장성 선비

예로부터 장성은 문필의 고장, 선비의 고장으로 이름을 날렸다. 조선 시대 과거시험 초장첫 시험에는 경기도 포천 선비가 많고, 마지막 시험장인 종장에는 장성 선비가 많다는 이른바 '포초장추'抱初長推라는 말이 생겼을 정도다. 장성은 선비와 청백리가 많다 해서 호남의 '추로지향'鄒魯之鄕이라고도 한다. 추로는 공자와 맹자가 태어난 고장인데 이를 빗대어 장성을 그렇게 부른 것이다. 반계磻溪 유형원1622~1673 역시 '동국여지지'에서 " (장성) 선비가 문학을 숭상한다士尙文學"고 평하기도 했다. 문학은 유학까지 포함한 말이니, 그만큼 장성 선비들이 유학을 열심히 공부한다고 강조한 것이다. 황룡강을 따라 펼쳐진 비옥한 평야, 아름다운 자연환경을 자랑하는 장성은 기라성 같은 유학자들을 많이 배출했다.

필암서원 등 선비 관련 유적들 많아

장성을 대표하는 유림 유산이 필암서원筆巖書院이다. 1868년 대원군이 서원을 철폐할 때도 온전함을 유지했고 현재도 대한민국을 대표하는 7대 서원 중 하나로 꼽힌다. 유네스코 세계유산 등재도 추진 중이다. 기대승과 논쟁을 벌인 김인후는 공자를 비롯한 유교 성인과 선현들을 기리는 사당인 문묘文廟에 배향된 18현 가운데 유일한 호남 출신 선비다. 세자 시절 인종을 가르치다가 인종이 승하하자 낙향해 학문을 닦으면서 평생 후학 양성에 힘썼다. 충의와 의리를 통해 올바름을 실천하는 것을 강조한 김인후의 유학 정신은 호남의 의병운동, 나아가 광주민주화운동에까지 영향을

장성 필암서원(위)과 봉암서원(아래) (장성군 제공)

미쳤다는 평가를 받는다.

1만 개 눈보다 나은 외눈박이 기정진

하서 김인후와 고봉 기대승 뒤를 이어 호남 유학을 대표하는 노사蘆沙 기정진1798~1879 역시 장성 출신이다. 진원면 진원리에는 1878년, 그를 기리고자 건립한 고산서원高山書院이 있다. 기정진은 호남 유학을 뛰어넘어 조선 성리학 6대가 중 한 명으로 꼽힌다. 여섯 살 때 천연두를 앓아 왼쪽 눈을 실명했지만, 신체적 결함조차도 되레 그의 명성을 드높이는 일화로 소개된다.

청나라 사신이 조선에 와서 조선에 인물이 있는지 알기 위해 '천자의 명'이라며 문제를 냈지만 아무도 푸는 사람이 없었다. 이 어려운 문제를 장성의 신동 기정진이 풀었다고 한다. 이에 감탄한 임금과 조정 대신이 '장안만목長安萬目 불여장성일목不如長城一目'장안에 있는 1만 개 눈이 장성에 있는 하나의 눈만 못하다는 뜻이란 말로 기정진을 극찬했다고 한다. 그가 후세까지 '일목문장'一目文章으로 불리게 된 사연이다.

청렴의 상징 '백비' 공직자 교육의 장으로

장성이 자랑하는 또 하나의 유적은 박수량의 백비白碑다. 장성 황룡면 출신 아곡莪谷 박수량1491-1554도 장성 선비의 기개를 전국에 떨쳤다. 그는 조선 명종 때의 문신으로 우참찬과 좌참찬을 거쳐 지중추부사와 형조판서에 이른 인물이다. 명종 1년1546에는 동

지춘추관사로서 중종실록·인종실록을 편찬했다.

박수량은 공직 생활을 38년간이나 하면서 변변한 집 한 채 제대로 갖추지 못할 정도로 청백리로 유명했다. 명종은 박수량이 죽자 크게 슬퍼하며 좋은 암석을 골라 비석으로 하사했다. 그러면서 "박수량의 청렴결백함을 알면서 비에다 새삼스럽게 결백했던 내용을 쓴다는 것은 오히려 그의 청렴함에 흠이 되는 결과가 될지도 모르니 비문 없이 그대로 세우라"고 명했다. 임금의 지시로 비문이 없는 특이한 비석이 세워진 셈이다. 장성군은 군청 광장에 백비 모형을 세워두고 공직자들의 모범으로 삼고 있다.

맥동과 아치실의 성리학자들

장성 지역 중에서도 황룡면 맥동과 아치실 두 마을은 유독 인물이 많이 났다. 세종 때 보문관 직제학을 지낸 이견의를 비롯해 기대승의 조카 기효간[1530~1593]과 그의 아우로 임진왜란 때 순국한 선무공신 기효근[1542~1597], 기효간 현손으로 김인후 이후 장성 성리학 의 맥을 이은 기정익[1627~1690]이 그들이다. 또 기효간 5세손으로 위정척사 사상을 표방한 기정진의 사상은 그의 문인들에게 이어져 의병과 독립운동의 정신적 토대가 됐다.

필암서원을 중심으로 반경 10km 안에서 호남 유학의 중심 인물들이 모두 태어나고 활동했다. 북쪽으로 7km쯤 떨어진 서삼면 모암리 모암서원은 고려 고종 때 효자로 이름난 서릉徐稜을 모신 곳이다. 필암서원 동쪽 10리에 있는 봉암리에는 율곡 이이와 우계 성혼의 문인으로 임진왜란 때 화차를 발명해 행주대첩을 도운 망암望庵 변이중1546~1611이 살았다. 이곳에는 봉암서원鳳巖書院이 있다. 필암서원 남쪽 8km쯤 되는 광주 광산구 광산동 너부실마을에는 기대승을 모신 월봉서원이 있다.

장성 출신 한학자인 기호철 서울대 고병리연구실 객원연구원은 "장성은 산골짝이었지만 서울로 통하는 호남대로가 지나는 교통의 요지라는 특성 때문에 중앙의 최신 정보를 빠르게 받아들였던 것으로 보인다"며 "맥동과 아치실 등에 있는 유학 관련 유적들을 잘 살려 추로지향鄒魯之鄕으로서의 위상을 활용할 방안이 마련되기를 바란다"고 말했다.

모암서원 칠현유허비 (장성군 제공)

당신이 맛본 토란 70% 이상이
곡성산^産

1980년대 사업 시작, 고장 대표 작물로 성장
체험·관광 상품화 모색

글 **박철홍** 기자

토란 알 나올 적엔 새알인가 의심했네土卵方呈訝鳥精

민촉 사람 주식 삼아 난리를 구제하는데岷蜀充資濟陽九

부식으로 먹는 나는 그 마음 불편하네我今佐食意難平.

'흙속의 알' 토란 (곡성군 제공)

고려 후기 명문장가 이 규보가 시랑侍郞 벼슬에 있 는 사람이 시詩 두 수와 함 께 토란을 보내오자 3수로 화답한 시 중 일부다. 토란 국은 추석 제사상에 오르 는 민속 음식이다. 조상이 즐겨 먹었을 법한 음식을 제사상에 올린다는 점을 토대로 추정하건대 토란은 오랜 예부터 우리 민족의 한 끼를 책임진 음식이었 을 것이다. '흙 속의 달걀'이라는 뜻풀이에 어울리게 흙 향을 간직 한 부드러운 식감의 우리나라 토란 대부분은 전남 곡성谷城에서 생 산된다. 토란이 곡성에서 뿌리내린 연유를 살펴보자.

'깊은 골짜기, 높은 고개', 토란재배 최적지

곡성曲城 → 곡성哭聲 → 곡성穀城 → 곡성谷城. 전남 곡성군은 신라 경덕왕 때는 산맥과 하천의 흐름을 본떠 '굽을 곡曲'을 써 곡성曲城이라 불렸다. 고려 시대에는 시골장을 떠돌아다니는 장사꾼들이 교통이 불편하여 통행에 어려움을 느낀 나머지, 지나갈 때마다

전남 곡성

곡성에서 농민들이 토란을
수확하는 모습 (곡성군 제공)

통곡한다고 해 '울 곡哭', '소리 성聲'으로 곡성哭聲이라고 했
다. 그 후 '곡식 곡穀, 재 성城'의 곡성穀城으로 불리다가 곡
식이 많이 난다는 의미의 지명 탓에 과도한 조세를 부과한
다는 여론에 따라 '골짜기 곡谷'을 쓴 현재의 곡성谷城 이름
이 자리 잡았다는 설이 있다.

곡성의 이름을 규정한 지형적 특성은 토란재배 최적의
조건으로 꼽힌다. 토란은 고온다습한 환경에서 잘 자란다.
곡성은 다른 지역보다 4월 온도가 높아 4월에 파종하는 토
란을 비교적 일찍 심을 수 있다. 연평균 총 강수량이 1천
391㎜에 달해 토란을 재배하기에 적합하다. 분지형 지형으
로 여름과 겨울의 기온 차가 크고 고온다습한 환경도 열대
성 작물인 토란을 기르기에 좋다.

섬진강과 보성강이 관통하고, 강의 지류가 발달해 곡성
에서는 논뿐만 아니라 밭에서 토란을 기를 수 있다. 토양도
토란재배에 적합한 양토와 사양토로 이뤄졌다. 곡성이 토
란의 고장이 된 것은 깊은 골짜기와 높은 고개 덕분으로 결
코 우연은 아닌 셈이다.

생산량 70% 이상이 곡성 토란

곡성 토란에 관한 이야기는 곡성군 오산면 청단리에 위
치한 초현마을의 구전에서 엿볼 수 있다. 400여년 전 임진
왜란 때 왜구를 피해 정처 없이 떠돌다 초현마을에 다다른
한 일가족은 굶주림과 무더위에 지쳐 산기슭에 주저앉았
다. 아사 직전의 가족들은 근처 땅을 파 둥근 알을 캐서 구

워 먹고 넓은 잎으로 비를 막으며 기력을 되찾아 눌러앉아 살게
됐다는 것이다. 땅속에서 파먹은 알이 바로 토란으로 추정된다. 이
이야기를 토대로 곡성에서는 예부터 토란이 자라고 있었음을 짐
작할 수도 있다.

　본격적으로 곡성에서 토란이 재배된 계기는 우연한 인연에서
시작됐다. 1980년대 서울 경동시장에서 청과상을 운영하는 형제

　　　　　　　　　　　　　　　　　　　　　　　전남 곡성

물안개 피어오르는 곡성
섬진강 침실 습지

는 추석 무렵 잘 팔리는 토란 물량을 확보하는 일이 여의치
않자, 곡성에 사는 기록도 씨에게 재배를 권유했다. 기씨는
1985년 곡성 죽곡면 신풍리 농가에서 토란을 본격적으로
기르기 시작했는데, 첫 출하에서 40kg당 10만원이라는 파
격적으로 높은 가격을 받았다. 이를 계기로 죽곡면에서는
토란 재배가 점차 늘기 시작했다.

곡성 토란 생산지는 100ha가량으로 우리나라 재배 면적
의 48%를 차지하며, 생산량은 한 해 2천500t으로 전국 생
산량의 약 79%를 기록^{2018년 농식품부 통계}한 것으로 집계됐다.
이에 따라 곡성은 자연스레 토란의 대표 산지로 자리 잡게
됐다.

'곡성의 맛'으로 자리 잡은 토란

곡성은 전국에서 유일하게 다양한 토란 음식을 접할 수
있는 곳으로 연중 관광객의 입맛을 사로잡고 있다. 광주에
서 곡성으로 향하는 첫 방문지인 곡성기차마을 휴게소 하
행선에서는 '토란대 육개장'과 '토란 완자탕'이 휴게소 대
표메뉴로 자리 잡았다. 곡성읍 내에는 방송 먹거리 관련 프
로그램에서 수차례 소개된 '토란 맛의 성지'가 수두룩하다.
특히 곡성 축협 명품관에서 판매하는 맛좋은 쇠고기와 친
환경 토란을 들깻가루를 듬뿍 넣고 끓인 '들깨 토란탕'이
별미다. 곡성의 가장 오래된 동네빵집인 '모짜르트 제과점'
은 토란을 넣은 8가지 종류의 토란 빵과 토란 쿠키를 판매
한다. 한 커피숍에서는 토란 버블티와 토란 스콘을 맛볼 수

있다. 맑은 토란국, 찐토란, 토란전병 등도 곡성 토란맛길 여행의
만찬으로 선택하기에 제격인 음식들이다.

토란, 곡성의 미래 이끈다

곡성군은 '흙이 좋은 곡성, 토란 좋은 곡성, 토란의 땅 곡성'을
전국에 알리기 위해 2016년부터 토란 향토산업 육성사업을 추진
하고 있다. 토란 가공제품들을 생산할 가공시설을 구축하고 '토란
의 땅 곡성, 토란토±'라는 공동브랜드를 만들어 지리적 표시제 등
록을 준비 중이다.

토란 향토산업 육성사업을 맡은 '곡성토란웰빙식품 명품화사업
단'은 곡성 토란의 인지도 향상과 홍보마케팅을 위해 지역축제 홍

보이벤트, 곡성토란대학 운영, 국제식품박람회 참가, 스토리텔링 개발, 토란재배농가 세미나와 워크숍 등을 계획하는 한편, 다양하게 개발된 곡성토란 가공제품들로 고소득을 올리기 위해 본격적인 판로확보에 나섰다.

토란 대표 품목인 깐토란은 곡성 석곡농협과 곡성토란영농조합법인에서 농협유통망과 학교급식 판로를 통해 전국으로 유통망을 확대할 계획이다. 발아현미 미숫가루로 홈쇼핑과 직거래 매출 실적이 높은 주식회사 '미실란'에서는 토란미숫가루와 토란누룽지를 신제품으로 출시해 본격적인 판촉활동을 펼친다. 주식회사 '생자연'은 야심 차게 개발한 토란칩과 토란초콜릿칩을 출시, 대형마트와 백화점 등 기존의 유통망을 통해 수도권을 집중적으로 공략하고 미국으로 수출할 계획이다.

2019년까지 추진되는 곡성 토란 향토산업 육성사업은 토란의 6차 산업화를 최종 목표로 앞으로도 품질 좋은 토란의 생산뿐만 아니라 가공·체험·관광 상품화에도 힘쓸 작정이다.

(곡성군 제공)

영험한 빛의 고장,
4대 종교 성지 품은 영광

불교, 원불교, 기독교, 천주교 종교 유적지 한곳에
바다에 인접, 산세 깊고 물 맑아 종교 발상지 여건 갖춰

글 **장덕종** 기자

전남 영광군은 '영광'靈光이라는 지명에서 풍기는 이미지처럼 종교적으로 의미가 깊은 고장이다. 불교, 원불교, 기독교, 천주교 등 우리나라 4대 종교 유적지가 모두 함께 있는 보기 드문 곳이다. 백제 불교 최초 도래지이자, 원불교 발상지인 영산성지가 있다. 한국전쟁 당시 기독교, 조선 시대 천주교 순교지도 함께 자리하고 있다. 이 때문에 영광은 4대 종교 정신문화 성지로 불리며 서로 다른 종교가 공존·화합하는 본보기가 되고 있다. 최근 거세게 부는 힐링과 명상 트렌드에 종교의 영성 이미지가 더해지면서 종교인 순례와 관광객 발길이 이어지고 있다.

백제 불교 최초 도래지와 불갑사

'굴비골' 법성포 해안가에는 탑이 하나 눈에 띈다. 인도 간다라 고승 마라난타를 기념하는 탑이다. 법성포의 법法은 불교를, 성聖은 성인인 마라난타를 뜻한다. 탑이 세워진 곳은 백제 침류왕 원년384년 마라난타가 첫발을 내디딘 백제 불교 최초 도래지다. 도래지 1만3천㎡ 부지에는 마라난타상, 부용루, 기념관, 기념광장 등이 들어섰다.

249

백제 불교 최초 도래지(위)와 불갑사 대웅전(아래)

전남 영광

간다라 양식의 유물관과 국내에서는 유일한 4면 불상 등 불교 문화를 직접 체험할 수 있다.

특히 부용루 벽면에는 석가모니의 출생에서 고행까지 전 과정이 23개의 원석에 간다라 조각기법으로 음각돼 있다. 도래지와 연결된 법성포 숲쟁이 꽃동산에는 자연친화적인 휴식공간과 산책로, 조명과 어우러진 계단식 인공폭포가 마련돼 휴식과 관광코스로 인기를 얻고 있다.

마라난타는 법성포 인근 불갑산에 불갑사를 건립하고 본격적인 포교에 나섰다. 백제 불교는 불갑사라는 작은 절에서 시작된 것이다. 일주문을 지나 오솔길을 올라 만나는 불갑사 대웅전은 화려함의 극치를 보여준다. 조선 중기 이후 양식을 그대로 간직한 대웅전 외에도 팔상전, 칠성각, 일광당, 명부전, 만세루, 범종루, 향로전, 천왕문 등이 있다.

봄에는 벚꽃길, 여름에는 붉은 꽃잎이 휘날리는 배롱나무 꽃길, 가을에는 불갑산을 온통 붉게 물들이는 상사화와 단풍, 겨울에는 꽃이 진 후 피어난 푸른 상사화 잎과 대비를 이루는 하얀 눈이 쌓인 풍경이 일품이다.

원불교의 발상지 영산성지

법성포에서 영광대교를 건너면 백수읍 길룡리가 나오는데 이곳에는 원불교가 시작된 영산성지가 있다. 이곳에서 원불교 창시자인 소태산 박중빈[1891~1943] 대종사가 20년 넘는 구도과정을 통해 깨달음을 얻었다. 원불교는 박중빈이 창시한 종교로 세계에 500여개 교당, 100만 신도가 있는 것으로 알려졌다. 영산성지에

는 박중빈 생가, 기도터인 삼밭재, 마낭바위, 대사을 이룬 노무목, 방언탑 등이 있어 전국에서 신도뿐만 아니라 많은 관광객이 찾고 있다.

원불교 재단의 영산대학교도 있어 도를 가르치고 수행하는 배움터의 역할을 하고 있다. 옥녀봉은 박중빈이 수양한 곳으로 바위에 그려진 큰 원은 원불교 상징이다. 원불교 100주년을 맞아 2016년 4월 한국의 정신문화를 세계화하고 명상산업 관광자원화를 위해 이곳에 국제마음훈련원이 들어섰다. 영산성지는 백수해안도로 입구에 있어 서해안 노을과 바다가 어우러진 아름다운 풍경을 감상할 수 있다.

기독교와 천주교 순교지

바다와 인접한 영광은 오래전부터 외래 문물의 교두보 역할을 했다. 산세가 깊고 물이 맑아 도와 수련에 적합해 종교 발상지로서 좋은 여건을 갖췄다. 이 때문인지 구한말 기독교와 천주교가 다른 지역보다 일찍 유입됐다.

기독교 순교 기념관(위)과 천주교 순교 기념관(아래)

초기에 정착하면서 박해와 순교의 수난을 당하기도 했다. 염산면 설도항은 한국전쟁 당시 기독교 신자들이 목에 돌을 매단 채 수장된 곳이다. 당시 인천 상륙작전으로 퇴로가 막힌 북한군은 야월교회 교인 65명과 염산교회 신자 77명을 살해하고 수장했다. 염산면 설도항에는 이들의 숭고한 희생을 추모하는 순교탑과 체험관이, 염산면 야월리에는 기념관이 있다. 야월교회에는 기념관과 종탑, 십자가 조각공원, 순교 기념탑, 120명을 수용할 수 있는 숙소와 식당이 갖춰져 있다.

영광은 호남에서 일찍이 천주교가 전해진 곳으로 조선 시대 신유박해[1801년] 당시 순교한 신자들을 추모하는 천주교 순교기념관이 있다. 종교 탄압에도 숭고함을 잃지 않았던 천주교 순교자를 위해 건립된 기념관은 2010년 광주대교구에서 순교자 기념성당으로 지정받았다. 2014년 6월 첫 미사가 열렸다. 광주대교구에서 운영하는 천주교 성지순례 코스에 포함돼 매년 수많은 순례객이 찾고 있다.

순례코스 개발, 웹툰 제작 등 관광자원화

2018년에 종교성지를 찾은 관광객은 백제 불교 최초 도래지 10만6천746명, 불갑사 85만9천668명, 원불교 영산성지 2천명, 기독교인 순교지 4만9천34명, 천주교인 순교지에 1만9천355명 등으로 100만명을 웃돌았다. 2019년에는 전년 수준을 넘길 것으로 기대된다. 집계가 시작된 2016년 30만명이던 종교 성

불갑산 상사화

지들의 관광객이 이처럼 급증한 것은 영광군이 이들 종교 유적지를 묶어 순례코스로 개발하고 웹툰 제작 등을 통해 적극적으로 홍보했기 때문으로 분석된다.

영광군은 4대 종교성지와 전주 한옥마을, 김제 금산사, 익산 원불교 중앙총부 등 전북 종교 유적지를 둘러보는 관광코스를 개발

영광 굴비

했다. 백수해안도로 등 지역 명소, 굴비, 장어 등 먹거리와 연계한
관광상품도 내놨다. 또 4대 종교성지를 웹툰으로 제작, 젊은층을
끌어들이는데 힘쓰고 있다.

영광군 관계자는 "전국에서 4대 종교 유적지가 있는 곳은 영
광이 유일하다. 이러한 자원을 관광상품으로 만들어 종교 관광객
을 유치하고 영광을 종교관광도시로 만드는데 노력하겠다"고 밝
혔다.

근·현대가 공존하는
대구 북성공구골목

대구읍성 허물고 낸 신작로, 흥망성쇠 겪어
역사자원 활용 도심재생 활발

글 **이재혁** 기자

대구역에서 대각선 방향 건너편 널찍한 골목 입구에 서면 '북성공구골목'이라는 이정표가 눈에 들어온다. 중구 북성로, 태평로, 수창동, 인교동 등 철물상·공구상이 밀집한 골목에 언제부턴가 이름이 붙었다. 행정기관이 특화사업을 한다며 이름을 짓기 전까지 대구 사람들은 이곳을 그냥 '북성로'라고 불렀다. 북성로에 간다

북성로 공구박물관 (대구 중구 제공)

근·현대가 공존하는
대구 북성공구골목

북성공구골목 입구
(대구 중구 제공)

고 하면 당연히 공구나 철물을 사러 간다는 뜻으로 받아들였다.

북성로는 구한말 망국과 근대화 역사를 오롯이 간직한 곳이다. 대구 중심지로 한때 번성했지만, 곳곳에 일본식 적산가옥이 남아 있을 만큼 시대변화에 뒤처진 곳이기도 하다.

최근에는 이런 역사를 콘텐츠로 활용해 변신을 꾀하려는 작업이 활발하다. 공구, 철물, 돼지불고기, 우동 등 북성로와 함께 떠올리는 단어에 문화, 관광이 추가될 것이라는 전망이 많다.

북성로의 기원

　1906년 10월, 대구 중심부를 에워싸며 경상감영을 보호하던 대구읍성이 철거됐다. 당시 경상북도관찰사 서리 겸 대구군수 박중양은 일본인 상인들 요구를 받고 인부를 동원해 성벽을 허물었다. 그는 성벽 철거를 허락해달라는 장계를 조정에 올리고는 곧장 성벽 해체를 시작했다. 나중에 불허 통지를 받았음에도 강행했다고 한다. 그가 저지른 행위는 개발사업으로 큰돈을 벌려는 일본인들의 이익과 직결된다.

　1903년 경부선 철도 공사가 시작된 후 철도를 따라 일본인들이 대구읍성 북쪽에 몰려들었다. 이들은 외곽 토지를 사들여 상권을

대구읍성 흔적. 북성로 일대에서 발견된 대구읍성 기저부와 성돌 (대구 중구 제공)

만들었지만, 읍성에 막혀 중심부 진출이 어렵게 되자 근대도시 발전을 명분으로 성벽 철거를 주장했다. 마침 일본 유학 중 야마모토山本라는 이름을 사용하고 러일전쟁 때 일본군 고등 통역관을 맡은 골수 친일파 군수는 이들이 이용할 수 있는 최선의 카드였다. 읍성 철거 후 성곽이 있던 자리에는

일제강점기 북성로 거리 (대구 중구 제공)

동성로, 서성로, 남성로, 북성로라는 신작로가 났다.

대구역에 인접한 북성로는 성곽 밖에 일본인 토지 소유자가 많아 '모토마치'元町라고 불릴 만큼 상업 중심지가 됐다. 은행, 우체국, 백화점, 조경회사, 목재회사, 목욕탕이 들어섰고 식당, 요릿집, 영화관, 여관 등이 많은 향촌동과 연계해 대구에서 가장 번화한 곳이 됐다. 북성로가 번성한 이면에는 조선인 전통 상권이 일본인에게 넘어가는 아픔이 있었다.

공구골목 흥망성쇠

1950년 한국전쟁을 전후해 북성로 인근에 미군부대가 주둔한다. 미군이 사용한 군수물자가 대구역과 같은 물류기지와 배급창을 통해 쏟아져 나왔고 일부 상인들은 이를 수집해 북성로에서 팔기 시작했다. 산업화가 본격화한 1970년대 들어 곳곳에 공단이 조성되고 산업용품 수요가 증가했다. 자연히 점포가 많이 늘어나면

서 북성로 전체가 공구상으로 가득했다. 대구역 네거리에서 달성
공원까지 1km에 이르는 거리에는 공구상, 철물점이 넘쳐났고 이곳
에서 떼돈을 번 상인이 수두룩했다. 국내 대표적 공구상가로 특화
한 북성공구골목은 점포마다 규모가 작아도 굴리는 자금이 만만
찮았다고 한다.

　1990년대 중반 대구시가 북구 산격동에 대구종합유통단지를
조성하며 공구골목도 전환점을 맞았다. 시가 정책적으로 이전을
장려해 유통단지로 점포를 옮기는 업체가 늘면서 공구골목은 쇠
락의 길로 접어들었다. 아직 수백 개 점포가 영업하고 있지만, 경
기침체에 인터넷 쇼핑몰까지 생기는 바람에 장사가 예전 같지 않
다고 한다.

북성로는 역사자원 보고

북성로 공구박물관
(대구 중구 제공)

북성로 동쪽 입구에서 250여m를 가다가 오른쪽 골목 안쪽을 살펴보면 작은 목조 건물^{1층 45㎡, 2층 31㎡}이 눈에 들어온다. 오랫동안 방치한 근대 건축물을 개보수해 2013년 5월 개관한 공구박물관이다. 1층에는 시대별^{대동아전쟁기·한국전쟁기·베트남전} 공구를 전시하고 공구상의 방, 기술자의 방을 꾸몄다. 2층은 놀이·공작·DIY를 체험하는 커뮤니티센터 및 실습실로 활용한다.

가던 길로 150m를 더 가면 '순종황제 남순행로'를 알리는 조형물과 전시물을 볼 수 있다. 1909년 순종이 조선통감 이토 히로부미와 함께 경상도 지방을 순행할 때 대구역에 내려 달성공원을 향해 거쳐 간 길이다. 이토가 왕을 앞세워 백성에게 일본에 순응할

것을 전하려는 의도가 있었다고 한다. 중구청은 '다크 투어리
즘'Dark Tourism이라며 조형물·벽화 설치, 쉼터 조성, 거리 개선 등을
통해 '순종어가길'이라는 이름을 붙였다.

인교동 쪽으로 가면 1938년 고故 이병철 회장이 사업을 시작한
삼성상회 터가 있다. 지금은 공구회사 크레텍 사옥이 들어섰고, 조
형물로 삼성 발원지임을 알려 준다.

문화·관광으로 골목을 살린다

공구산업마저 쇠퇴한 북성로는 도시 중심부에 있으면서도 오
랜 기간 침체에 빠졌다. 백화점들이 몰린 동성로가 번성하는 동안

북성로는 물론 인근 향촌동까지 옛 도심으로 전락한 지 오래다. 북성공구골목 양쪽에는 낡은 건물들이 즐비하고, 군데군데 셔터를 내린 빈 점포를 쉽게 볼 수 있다.

이곳에 수년 전부터 문화운동가들이 들어오고 행정기관이 다양한 도심재생 사업을 벌이기 시작했다. 중구청은 1960년대까지 근대건축물 외관을 원형에 가깝게 개선해 사용하도록 예산을 지원해 관광 자원화와 상권 활성화를 꾀하고 있다. 카페 삼덕상회, 공구박물관, 북성로 허브, 판 게스트하우스, 일본군위안부 역사관 등이 리노베이션 후 입주했다. 자전거공방 및 셀프수리·미술작가 거주 공간인 장거살롱, 게스트하우스 더 스타일 등 스스로 북성로에 들어와 문을 연 민간 시설도 적지 않다. 북성로 상인들은 이런

장거살롱 (대구 중구 제공)

변화에 긍정적인 편이다. 재개발·재건축이 아닌 목조건물과 한옥 개보수를 통한 도심재생에 힘을 쏟고 카페나 게스트하우스, 축제 등으로 사람을 모으면 이곳이 명물골목이 될 것으로 기대한다.

대구 최대 번화가에 위치한
361년 전통 약령시

국내 최고最古 인증,
세계적 한약재 유통 거점으로 명성

글 **최수호** 기자

대구 최대 번화가인 중구 동성로와 도심 동·서를 관통하는 달구벌 대로 등에 인접해 누구나 쉽게 찾아갈 수 있는 '대구약령시'藥令市. 중구 남성로 600여m 구간 약전골목 양쪽에는 약업사, 한약방, 재탕·제환소 등 한방 관련 업소가 밀집해 있다. 당귀, 우슬, 오미자 등 각종 한약재를 비롯해 한방 식품, 한방차 등을 구매할 수 있다.

한약재 썰기 경연대회 (대구시 제공)

조선 시대부터 이어져 온 전문시장 대구약령시 서문

대구시와 중구, 약령시보존위원회에 따르면 대구약령시는 조선 시대부터 이어져 온 한약재 전문시장이다. 올해로 361년 전통을 자랑하는 이곳은 과거 세계적인 한약재 유통 거점으로 명성을 떨쳤다. 한때 조선 8도를 비롯해 일본, 중국, 러시아, 유럽 등 세계 각지 약재상이 한약재를 구매하러 대구약령시를 찾았다고 한다.

2001년 한국기네스위원회는 이곳을 국내 최고最古 약령시로 인증했다. 또 유·무형적 가치를 인정받아 2004년 한방특구로도 지정됐다. 대구약령시는 1658년효종 9년 약재 수집의 효율성을 높이기 위해 국책사업의 하나로 봄, 가을에 1개월씩 경상감영 내 객사客舍 주변현 경상감영공원과 대안동 주변에 개장했다. 이후 1908년 지금 위

대구약령시 옛 모습

치인 남성로 일대로 이전했다.

　일제강점기에는 독립운동에 쓸 자금 조달과 연락 거점 역할을
한 까닭에 수년간 폐쇄되기도 했다. 대구약령시가 지금과 같은 상
설시장으로서의 골격을 갖춘 것은 한국전쟁 이후인 1960년대부
터다. 1978년에는 대구약령시 부흥을 위해 한약방 등이 중심이 돼

한약재 도매시장

약령시부활추진위원회^{현 약령시보존위원회}도 발족했다.

추진위원회는 약령시 활성화를 위해 개장행사를 열고 한약재 도매시장, 한약재 상설전시관 등도 마련했다. 이런 노력에 힘입어 1988년 대구약령시는 정부로부터 '전통 한약 시장 지역'으로 지정됐다. 한약재라는 단일 품목을 취급하는 특수시장의 지위를 확보한 것이다. 지금도 전국 한약재 도매가격은 대구약령시에서 결정된다.

대형 유통업체 개장 등에 침체기

그러나 한동안 활기를 띠었던 이곳은 한약 대체재 시장 성장, 업주 고령화 등으로 침체기를 맞았다. 게다가 2011년 인근에 대형 유통업체가 문을 열자 약령시 일대 상권의 성격이 바뀌면서 '젠트

리피케이션' 현상도 나타나고 있다. 기존 한방 관련 업소들이 비싼 임대료를 견디지 못하고 떠나는 자리를 커피 전문점, 미용업소 등이 대신하고 있다. 실제 대구약령시에는 한때 한방 관련 업소가 210여곳에 달했으나 지금은 183곳으로 줄었다.

이처럼 약령시 전통이 끊길 수 있다는 위기가 팽배하자 대구시와 중구, 약령시 상인들은 재도약에 안간힘을 쓰고 있다. 우선 시는 대구약령시를 주변 관광지와 연계해 문화·관광 명소로 조성할 계획이다. 또 올해 6월까지 국·시비 100억원을 들여 약령시 홍보관, 한방의료 체험관, 한방 관련 창업 공간 등을 갖춘 한방의료체험타운도 짓는다.

약령시보존위원회는 매년 5월 여는 '대구약령시 한방문화축제'에 더 많은 시민이 참여할 수 있도록 특색있는 프로그램 발굴에 힘을 쏟고 있다. 약령시 내 카페와 음식점, 주변 대형 유통업체 등과도 상생 방안을 모색하고 있다. 대구시 관계자는 "귀중한 문화유산인 약령시의 정체성과 정통성을 유지할 수 있는 다양한 사업을 추진하겠다"고 밝혔다.

노천 한방 족욕탕
(대구시 제공)

경북 영주

'물 위에 뜬 섬, 육지 안에 섬' 영주 무섬마을

350년 넘게 마을과 바깥세상 이어온 '외나무다리'
반남 박씨 처음 터 잡아, 마을 전체가 민속문화재

글 **김효중** 기자

"물 위에 떠 있는 섬, 육지 안에 섬…."

시집올 때 가마 타고 한 번, 죽어서 상여 타고 한 번 지나간다는 애환이 서린 외나무다리가 하나 있다. 무섬마을 얘기다. 수도리水島里의 우리말 이름이다. 소백산맥에서 발원한 내성천乃城川이 마을 뒤편에서 서천영주천을 만나 350도 정도로 이곳을 휘돌아 나간다. 그 모습이 마치 물 위에 떠 있는 섬과 같다고 해서다. 무섬이란 물 수水, 섬 도島로 '수도리' 또는 '물섬'이다. 그러나 물섬은 발음이 어려워 'ㄹ'을 버리고 '무섬'이라고 말한다.

이곳에 사람이 살기 시작한 때가 1666년이다. 반남潘南 박씨가 마을에 처음 터를 잡고부터다. 그 뒤 선성宣城 김씨가 들어와 박씨 문중과 혼인해 두 집안이 오래도록 세월을 함께 보낸 셈이다. 지금도 두 성씨가 주를 이뤄 수백 년 역사와 전통을 잇고 있다. 마을 전체가 국가지정문화재이고 많은 고택이 남아있다. 일제강점기에 독립운동 본거지이기도 했다. 일제 눈을 피해 애국심을 고취하는 교육 장소로 적합했기 때문이다.

육지 안 섬, 산과 물이 태극 모양으로 휘감아 돌아

무섬은 태백산 줄기인 안동 학가산鶴駕山 끝자락에 있다. 동쪽 일부를 빼면 삼면이 온통 내성천 물길에 휘감겨 있다. 안동 하회마을, 예천 회룡포처럼 '물돌이' 마을이다. 동네 앞을 돌아 나가는 물은 맑고 잔잔하다. 산과 물이 태극 모양으로 서로 안고 휘감아 돌아 산수가 절경을 이룬다. 하얀 모래밭이 마을을 빙 둘러 감싸 바다 위에 떠 있는 섬처럼 보인다. 예부터 연꽃이 물 위에 떠 있는 형국이라 하여 '연화부수'蓮花浮水 또는 매화꽃이 땅에 떨어진 모습을 닮았다고 해서 '매화낙지'梅花落地로, 길지 가운데 길지로 꼽았다. 마을 동쪽 500여m에서 낙동강 지류인 내성천과 서천西川이 합류한다. 이어 마을 전체를 한 바퀴 휘감아 흐르며 건너편 아홉 골짜기 물을 흡수해서 '구수도회'九水到廻라고 했다.

무섬 옛 지명은 '섬계'剡溪다. 마을이 중국 안도라는 선비가 살던 섬계와 비슷해서다. 섬剡은 고을 이름 섬 자인데 '염'이라고도 발음한다. 계溪는 시내를 뜻하고 물가에 가깝게 있는 동네를 말한다. 논밭을 만들 공간은 넉넉지 않은 편이다. 그래서 오래전부터 마을 사람은 강을 건너 12km를 걸어서 농사를 지으러 다녔다. 일제강점기 때 행정구역을 정비하며 이름을 바꿨다. 마을 앞 내성천에는 2만6천m²가 넘는 모래사장이 있다.

경북 영주 무섬마을을 찾은 관광객이 외나무다리를 건너고 있다.

무섬마을 외나무다리 (영주시 제공)

경북 영주

무섬마을 전경

300년 넘는 세월 유일한 통로 외나무다리

무섬마을에는 빼놓을 수 없는 볼거리가 있다. 시집올 때 가마 타고 한 번, 죽어서 상여 타고 한 번 지나간다는 애환이 서린 것이다. 마을과 강 건너를 이은 외나무다리다. 동네에 들어서려면 길이 150m에 폭 30㎝인 이 다리를 건너야 했다. 그것도 다리 폭이 좁아 긴 장대에 의지한 채 말이다. 따라서 어느 사람도 쉽게 마을에 들어가지 못했다. 그래서 "무섬마을에 시집오면 죽어서야 상여를 타고 나갈 수 있다"는 말까지 생겼다고 한다.

장마철에는 내성천 불어난 물에 떠내려가 해마다 다리를 새로 놓아야 했다. 물길에 순응하게 뱀이 움직이는 모양처럼 다리를 만들었다. 1983년 콘크리트 다리인 수도교를 놓을 때까지 300년 넘게 바깥세상을 잇는 유일한 길이었다. 마을 사람이 밖으로 나가고 보따리장수나 다른 곳 사람이 드나드는 통로이기도 했다. 수도교 건설로 사라진 외나무다리를 최근 옛 모습 그대로 복원했다.

원래 마을에서 밖으로 나가는 다리는 세 곳에 있었다. 영주로 가는 다리는 외나무다리인데 '뒷다리'^{영주시장 갈 때 이용}라고 불린다. 지금 수도교 쪽에 있던 다리는 학교 갈 때 건너는 길이었다. 현재 박종우 씨 집 앞쪽에 난 다리는 들에 일하러 갈 때 주로 이용했고 '놀기미다리'라 한다. '놀기미논'으로 가는 다리라는 뜻이다. 이 외나무다리 중간마다 마주 오는

무섬마을 상여 행렬
(영주시 제공)

이를 피해갈 여분의 짧은 다리인 '비껴다리'가 놓여 있다. 마주 보
고 건너던 사람들은 비껴다리에서 서로 길을 양보했다. 그때는 외
지인이 섣불리 외나무다리를 건너다 빠질 때도 많았다. 이에 어른
들은 무섬을 드나들 때 마음 수양을 하고 다리를 건너야 한다고
했다.

해마다 10월에는 외나무다리 축제가 열린다. 외나무다리 행렬
재연, 전통 상여 재연, 무섬마을 할아버지와 야행夜行, 전통 한복 입
고 무섬마을 나들이와 같은 행사를 한다.

마을 전체가 민속문화재

무섬마을의 원래 행정구역 이름은 영주시榮州市 문수면文殊面 수

경북 영주

도리水島里다. 마을 전체가 국가지정 문화재다. 이는 우리나라에서 일곱 번째다. 국가가 마을의 중요성을 인정해 2013년 8월 23일 중요민속문화재 제278호로 지정했다. 또 만죽재晚竹齋, 해우당海愚堂을 비롯해 지정문화재가 10곳이다. 100년이 넘는 고택도 많이 남아 조상의 자취와 숨결을 그대로 느낄 수 있다.

무섬마을 입향시조는 박수朴 1641~1709다. 본관은 반남潘南이고 자는 문중文仲이며 충의위이다. 그 뒤 선성宣城 김씨가 들어와 박씨와 같이 동족 마을을 이루고 살았다. 김씨 입향시조는 김대金臺 1732~1809다. 처가 마을에 자리 잡은 김대는 자가 자준子俊, 호는 치류정峙流亭이다. 그는 박수 증손녀와 결혼해 처가인 이곳에 들어와 선성 김씨 입향조가 되었다.

반남 박씨와 선성 김씨가 두 집안 집성촌을 이루고 있다. 만죽재, 해우당 고택을 비롯해 규모가 크고 격식을 갖춘 '口자형' 가옥, 까치구멍집, 겹집, 남부지방 민가 등은 다양한 형태인 구조와 양식으로 전통주거·민속 연구에 귀중한 자료가 되고 있다.

무섬 역사는 옛집이 증명한다. 100년이 넘는 집이 16채, 문화재로 지정한 집이 9채민속자료 4채, 문화재자료 5채다. 이 가운데 가장 오래된 것은 만죽재다. 반남 박씨 종가인 만죽재는 경북 북부 양반집 구조의 전형을 띠고 있다. 만죽재 고택은 박수가 마을에 맨 처음 들어와 1666년에 건립했다. 안마당을 중심으로 'ㄷ자형' 안채와 'ㅡ자형' 사랑채가 '口자형'을 이룬다.

해우당 고택은 1876년 의금부義禁府 도사都事를 지낸 해우당海愚堂 김낙풍1825~1900이 지었다고 한다. 이 집은 내성천에 놓인 수도교를 건너면 제일 먼저 눈에 들어오는 '口자형'이다. 현판 글씨는 흥선대원군이 쓴 것으로 알려졌다.

아도서숙亞島書塾은 이 마을에서 이름을 빛낸 애국지사들 활동

경상북도 민속문화재 제92호 해우당 고택(위)과 민속문화재 제93호 고택(아래) (영주시 제공)

거점이었다. '아도'는 아세아 조선반도 내 수도리를 줄인 말이고 '서숙'은 옛날 서당을 가리킨다. 김화진 주도로 1928년 10월 문을 열어 1933년 일제가 강제로 폐쇄할 때까지 무섬마을 교육기관이자 항일운동의 거점 역할을 했다. 아도서숙은 김성규, 김용한, 김광진, 김계진 등 운영위원을 선출해 문맹 퇴치, 민족교육, 민족정신 고양 등을 주요 사업으로 농민계몽활동과 독립운동을 동시에 펼쳤다. 이들은 일제 감시와 탄압으로 검거와 투옥을 되풀이하고도 끝까지 영주 독립운동 구심체 역할을 했다. 우리나라 독립운동사에서도 중요한 의미가 있는 아도서숙은 아쉽게도 원래 건물은 없어졌고 2014년 새로 복원했다.

경북 영양 주실마을 출신인 동탁 조지훈이 무섬마을과 인연을 맺은 것은 1939년 이곳으로 장가를 오면서부터다. 무섬마을 출신인 서화가 김난희金蘭姬와 결혼한 그는 방학마다 내려와 시심詩心을 일구었다. 처가 앞 모래밭을 한없이 거닐며 조 시인은 시정詩情을 마음껏 펼쳤다. 시 곳곳에 '띠잇강변', '겨먹이' 등 무섬마을과 관련 있는 시어와 일화를 찾아볼 수 있다. 마을의 아름다움을 노래한 시 '별리'別離는 그의 대표작 중 하나다.

무섬마을은 한때 120여 가구에 주민 500여명이 살았다. 그러나 지금은 50여 가구에 100여명만 사는 작은 마을로 명맥을 유지한다. 이곳 문화관광해설사 박미예 씨는 "무섬마을은 수백 년 역사와 전통을 그대로 간직하고 있다"며 "나라가 어려울 때 독립운동가를 많이 배출했고 문맹 퇴치운동 등 여러 가지 방식으로 국가 발전에 기여했다"고 말했다.

경북 의성

사라진 성냥,
그 추억을 소환한다

282

경북 마지막 성냥공장 생산시설 보존
"성냥문화 기억하는 성냥박물관 만들고 싶어"

글 **이강일** 기자

화로나 아궁이에 불씨를 숨겨 뒀다가 아침 일찍 이를 이용해 불을 피우던 시절, 새롭게 등장한 성냥은 우리 생활에 혁명을 가져왔다고 할 수 있다. 나오자 마자 우리 생활에 없어서는 안될 필수품이 된 성냥은 1990년대까지만 해도 불을 켜는 용도 뿐 아니라 유흥·접객업소의 홍보용품 역할을 하는 등 다양한 용도로 활용됐다.

그러다 가스레인지나 전기밥솥 등이 나오자 주방에서 성냥이 사라졌고, 가스라이터에 이어 전자담배까지 등장하면서 애연가들조차 담배를 피울 때 성냥을 쓰지 않게 됐다. 지금은 성냥을 쓰고 싶어도 구하지 못하는 상황이 됐다. 쓰임새가 크게 준 데다 중국산과 가격경쟁에서도 밀려 성냥을 생산하는 업체가 대부분 사라졌다.

경북 마지막 성냥공장… 건물 · 기계는 그 자리에

경북 의성군은 2018 평창동계올림픽 때 여자컬링이 인기를 끌면서 전국적인 주목을 받았다. 전형적인 농촌으로 전국 최대 한지형 마늘 생산지인 의성군에는 마늘과 컬링뿐 아니라 또 하나 명물이 있다. 바로 경북에서 마지막까지 성냥을 만든 공장이다. 성냥

공장 지역이라면 인천이 대명사처럼 통하지만, 의성에도 오래된
성냥공장이 있었다.

  의성읍 도동리 의성향교 앞에 성광성냥공업사가 있다. 벽에 시
멘트를 덧바른 흔적이 곳곳에 있는 공장 외관이 세월의 흔적을 그
대로 보여준다. 이 공장은 2013년 생산을 중단했다. 아직 충남 아
산에 있는 한 업체가 케이크용 성냥을 생산하는 것으로 알려졌지

만 성광성냥이 생산을 중단한 데에 이어 2017년 7월 경남 김해에 있던 성냥공장도 문을 닫아 우리나라의 생활용 성냥생산은 사실상 끝났다.

6천900m^2 2천300평 가량 되는 성광성냥 공장 터에는 성냥이 생산되기까지 각 공정이 진행된 건물 10여 채가 여태 남아있다. 공장에는 먼지를 털어내고 기름칠만 하면 바로 생산에 들어갈 수 있을 정도로 양호한 상태인 성냥생산시설이 있다. 공장 안 곳곳에 불과 얼마 전까지만 하더라도 일상에서 쉽게 보던 성냥갑 외포장지도 흩어져 있다.

우리나라에서 성냥이 처음 생산된 때는 1880년대로 알려졌다. 이후 1910년대 인천과 부산 등 해안 지방 곳곳에 공장이 생기면서 성냥은 대중화됐다. 1970년대에는 공장 수가 300개를 넘었다고 한다.

성광성냥은 1954년 2월 8일 문을 열었다. 한국전쟁이 끝나고 국토 재건이 한창일 때였다. 이북 출신 피난민으로 한국전쟁 때 의성에 정착한 양태훈·김하성·이문선 씨 등이 중심이 돼 현재 의성읍 후죽동에 벽돌로 된 건물을 임대해 공장을 시작했다.

설립 초기 성광성냥은 직원 15명이 하루에 성냥 4천갑휴대용 소형갑 기준 정도를 만들었다. 농업이 유일한 경제활동일 수밖에 없던 당시 성광성냥은 의성군에 있던 유일한 2차 산업 시설이었다. 마땅한 직장을 구하기 힘들고, 초등학교만 마치면 경제활동을 해야 했던 시기, 성냥공장은 의성 사람들의 자랑거리였다. 대구 등 대도시까지 갈 필요 없이 집에서 출퇴근하며 돈을 벌 수 있었기 때문이다. 수확 철에만 현금을 만질 수 있는 농업과 달리 성냥공장에서 일하면 때맞춰 현금으로 임금을 받을 수 있었기에 성냥공장 직원의 인기가 대단했다고 한다.

성냥 소비가 계속 늘면서 성광성냥의 규모는
갈수록 커졌다. 공장 설립 때 열여덟 살 직원으
로 시작한 손진국 대표는 공장장과 상무를 거쳐
주주가 돼 경영에 참가했다.

공장이 번창해 1970년대에는 직원 수가 160
명을 넘어서기도 했다. 공장 규모가 제일 컸을
때는 매일 4t 트럭이 성냥을 실어 날랐다고 손
대표는 전했다. "여기서 원목을 깎으면 저쪽 기
계로 옮겨가고, 저쪽 기계에서는 이런저런 공정
을 한 뒤 옆 건물로 옮겨갑니다. 여기저기 있는
공장 건물을 몇 차례 오가면 성냥이 완성되고
포장해서 실어냈죠."

성냥 만드는 기계에 먼지가 쌓였다.

손 대표는 공장 운영을 중단하지 6년이 다 돼
가지만 지금도 공장 안에만 들어오면 무슨 기계
가 어떤 역할을 했는지 뚜렷이 기억한다. 그는 공장 운영은 멈췄
지만 공장 터를 보존해 후세에 성냥문화를 전하는 길이 생기기를
바라고 있다.

성냥이 사라지자 '성냥문화'도 없어졌다

생활필수품 성냥은 불을 켜는 도구라는 의미를 넘어 우리 생활
에서 문화 그 자체가 됐다. 친지나 친구가 새로 집을 마련하거나
이사를 한 뒤 집들이를 하면 대부분 성냥을 선물했다. '작은 불씨
에서 성냥불이 켜지듯 가세家勢가 펼쳐져라'는 의미에서였다고 전
해진다.

경북 의성

공장 건물 안에 남아 있는 성냥갑들

식당이나 유흥업소는 업소명과 전화번호, 약도 등을 인쇄한 명함 절반 크기의 작은 홍보용 성냥갑에 성냥을 넣어 손님들에게 공짜로 나눠줬다. 한때는 식당이나 카페, 주점 상호가 인쇄된 성냥갑을 모으는 취미를 가진 사람도 많았다.

식당 등 접객업소 내부에서 담배를 피울 수 있던 시절에는 모든 테이블마다 사각형이나 팔각형 모양을 한 성냥갑이 놓여 있었다. 약속시간에 먼저 온 사람들은 담배를 피우지 않더라도 성냥갑에서 성냥개비를 꺼내 탑을 쌓으며 일행을 기다렸다.

어린이들도 일상에서 성냥을 쉽게 접할 수 있었기에 더하기나 빼기 셈 공부를 할 때 성냥개비를 사용하기도 했다. 성냥개비로 다양한 평면도형을 만들어 놓고 개비를 옮겨 특정 모양을 만드는 문제를 친구나 연인끼리 내고 푸는 모습도 쉽게 볼 수 있었다.

이처럼 우리 생활 깊숙이 자리 잡았던 '성냥문화'도 성냥이 사라지면서 덩달아 자취를 감췄다.

집들이 선물은 휴지나 주방 세제로 바뀌었다. 식당이나 유흥업소 홍보 성냥갑은 업소명과 전화번호가 찍힌 가스라이터가 대신하게 됐다. 친구나 일행을 기다리면서 성냥개비로 탑을 쌓던 사람들은 스마트폰을 만지면서 시간을 보내게 됐고, 어린이들 셈 공부는 플라스틱으로 된 교구가 성냥개비 역할을 넘겨받았다.

성광성냥공업사는
생산을 중단했지만
공장 입구에는 아직
'향토뿌리기업',
'경북도산업유산' 등
현판이 달려 있다.

평생 성냥 만든 업체 대표의 마지막 소망

손진국 대표가 성광성냥 건물을 그대로 둔 나름대로 이유가 있
다. 경북에서 마지막까지 성냥을 생산한 공장으로서 우리 생활 문
화를 엿볼 수 있는 역사·문화적 가치가 있다고 보기 때문이다. 경
북도는 2013년 5월 성광성냥을 '100년 장수기업'으로 육성하겠다
며 향토뿌리기업으로 선정했다. 공장시설도 '경북도 산업유산'으
로 지정해 공장 입구에 현판을 달아주기도 했다. 그러나 제대로 된
지원이 이뤄지지 않은 탓인지 몰라도 성광성냥은 불과 몇 달 뒤
생산을 중단했다. 공장 문을 닫은 뒤 손 대표는 성냥문화를 후손
에 전해주기 위해 공장 터에 성냥박물관이나 체험학습관을 만들
생각에 기계 등을 그대로 남겨뒀다.

그 뒤 의성군은 성냥 생산시설이 갖는 문화콘텐츠 가치를 인정
해 성냥박물관 건립을 추진하기도 했지만 재정상태 등 여러 요인

성냥 만드는 기계

으로 추진이 중단된 상태다. 성광성냥이 갖는 역사성과 상징성을 고려하더라도 생산시설 보존사업을 인구 5만여명에 불과한 기초자치단체인 의성군이 감당하기는 벅찼다. 광역자치단체나 국가에서 추진하는 것이 나을 것으로 판단했다고 한다.

박물관 건립이 이런저런 이유로 미뤄지자 손 대표는 2016년 공장 터와 기계 등 일부를 기부하겠다는 의사를 밝혔다. 하지만 박물관 건립 이후 상황 등을 다양하게 고려해야 하는 의성군은 이러지도 저러지도 못하는 것으로 알려졌다.

손 대표는 "요즘 젊은 세대는 성냥이 지닌 의미를 모른다"며 "힘겨웠던 시기 의성군 경제의 한 부분을 담당했던 성광성냥 공장이 가치를 인정받아 후세에 전해졌으면 하는 것이 한평생을 성냥과 함께 한 내 소망"이라고 말했다. 의성군 관계자는 "문화재청 등 관련 중앙부처와 연계해 성냥 생산시설을 근대문화역사지구나 등록문화재가 될 수 있도록 해 국비지원을 받아 보존하는 방안을 검토하고 있다"고 말했다.

울산 "그들은 배가 고파 바다로 갔다"
장생포 고래잡이

과거 포경 전진기지로 큰 풍요 누려
포경금지 후 관광도시로 부활 노력

글 **허광무** 기자

오늘날 관광산업에서 '복고'는 유력한 콘텐츠 주제다. 젊은 층에는 색다른 놀거리를 제공하고, 중장년층에는 향수를 불러일으켜 관광객을 모으기 때문이다. 개발의 시선이 비켜간 달동네와 마땅한 활용처가 없어 애물단지였던 폐철로가 사람들로 북적이는 명소가 되기도 한다.

울산에는 장생포가 대표적이다. 고래잡이 전진기지로 호황을 누리다가 포경금지 이후 급격히 쇠락했으며, 이후 다시 테마 관광지로 부활한 이 어촌 마을은 흥망의 드라마를 써내려가는 중이다. 장생포에는 '장생포 옛마을'이라는 관광시설이 있다. 1960~1970년대 장생포 동네 풍경을 실물 그대로 복원한 곳이다. 시대물 드라마의 세트장처럼 정감 어린 풍경이 재현된 이 마을에는 다른 곳에서 볼 수 없는 특별한 장면이 있다.

'강아지도 지폐를 물고 다닌' 부흥의 도시

옛 마을 입구에는 지폐를 입에 문 강아지 모양 조형물이 있다. 포경산업이 활황이던 시절, 돈이 넘친 장생포를 상징한다. 안으로 들어서면 우체국, 사진관, 구멍가게, 방앗간 등이 옛 모습을 하고

관람객을 맞는다. 이어 고래해체
장, 착유장, 포수의 집, 선장의 집
등 생경한 공간과 시설이 줄줄이
나온다. 바닥에 놓인 대형 고래의
배에 큰 칼을 꽂아 고기를 잘라내
는 모습을 재현한 조형물도 있다.
장생포 역사를 알고 보더라도 배
에서 빨간 피를 쏟아내는 고래를
보는 일은 다소 섬뜩한 느낌을 준
다. 하지만 장생포를 설명할 때 빼
놓을 수 없는 장면인 만큼 일각의
비판을 감수하고라도 만들었을
것으로 짐작된다.

포수의 집에 들어서면 마도로
스 복장의 노신사가 관광객을 맞
는다. 그는 실제 포경선 선장과 포
수로서 바다에서 대형 고래를 잡

과거 포경선 생활을 설명하는 포수 출신 추소식 씨

울산 장생포 고래문화마을에 조성된 '장생포 옛마을' 입구에는 만원짜리 지폐를 문 개를 표현한 조형물과
장생포 고래해체장 조형물이 있다.

앴던 추소식 씨다. 추씨는 장생포와 고래잡이의 역사를 설명하는
해설사로 근무 중이다.

"당시 고래잡이는 범죄 아닌 유망산업"

추씨는 장생포 포경선 포수 중에서도 막내다. 그에게 일을 가르
친 선배들은 거의 다 세상을 떴다. 1958년 선원으로 포경선 생활
을 시작한 그는 1970년부터 포경이 금지된 1985년까지 약 15년
동안 포수로 활약했다. 보통 선박의 리더는 선장이지만, 포경선은
예외다.

장생포 포경은 노르웨이식 포경법으로 분류된다. 속도가 빠른
배로 고래를 따라다니며 대형 작살이 발사되는 포경포로 고래를
잡는 방식이다. 이런 시스템에서는 고래 흔적을 찾아 추적하고 작
살을 명중시켜 고래를 잡는 포수가 포경선의 절대자가 된다. 포수
의 능력은 단순히 고래에 작살을 맞추는 정도로 평가되지 않는다.
명포수는 복부에 작살을 명중시켜 고래를 즉사시킨다고 한다. 그
래야 고래고기 선도가 좋기 때문이다.

오늘날의 스포츠 스타가 거액을 받고 팀을 옮기듯, 능력 있는
포수는 선주에게 스카우트돼 회사를 옮겨 다녔다. 포수를 잘 만난
선원은 거액의 수당을 수시로 챙기고, 그렇지 못한 선원은 몇 달
간 임금을 받지 못하는 일도 있었다. 추씨는 포수로 일한 15년간
약 450마리의 고래를 잡은 것으로 추산했다. 그가 활약한 시절에
는 주로 밍크고래를 잡았다. 그 이전 포경선의 주요 사냥감이던 참
고래가 남획으로 개체 수가 크게 줄어서다. 그러나 추씨도 1981년
6월 18m짜리 참고래를 포획한 적이 있다. 그가 기억하는 최고 대

물이다.

　10여 년 전만 해도 고래잡이 재개를 놓고 찬반 진영의 논리 충돌이 잦았지만, 이제 무게 추는 한쪽으로 많이 기울었다. 현행법상 고래잡이는 분명한 불법일 뿐 아니라, '비인간 인격체'로까지 불리는 고래를 잡자는 발상은 야만이라는 비난을 듣기도 한다.

　고래잡이로 청춘을 보낸 추씨는 감회가 어떨까. 그는 "당시에는

1974년 장생포항에 들어온 대형 고래 (울산시 제공)

고래 보호에 대한 인식이 전혀 없었다"면서 "서양을 중심으로 고래잡이를 멈추자는 주장도 있었지만, 그건 배부른 나라들이 하는 소리였고 배고픈 우리에게는 해당 안 되는 말이었다"고 기억했다. 추씨는 "이렇게 포경산업이 몰락할 줄도, 심지어 불법이 될 줄도 몰랐다"면서 "그 시절 고래잡이는 그저 매력 있는 산업이었다"고 말하며 손가락으로 포수의 집안에 설치된 모니터를 가리켰다. 모니터에서는 1972년 방영된 국내 유력 제약업체의 영양제 TV 광고가 반복해서 나온다. '장생포 현지촬영'이라는 자막을 내건 광고는 바다를 누비는 역동적인 포경선, 활력 넘치는 선원 등의 이미지를 내세워 제품을 선전했다.

울산과 장생포는 왜 고래의 도시인가

울산의 역사에서 고래잡이를 빼놓기 어렵다. 작살로 고래를 잡는 모습이 표현된 국보 제285호 반구대 암각화는 그 기원을 선사시대로 이끈다. 삼국사기나 고려사 등의 문헌에도 포경을 설명하거나 암시하는 대목이 있다. 장생포에서 근대 포경이 시작된 것은 1899년 러시아가 포경회사를 설립하면서부터다. 동해에 고래 개체가 풍부한 데다 포경선이 접안하기에 수심이 알맞은 장생포는 포경기지로 최적지였다. 이후 러일전쟁에서 승리한 일본이 역시 장생포를 포경산업의 거점으로 삼았다. 일제강점기 포경선에서 한국인은 주로 하급 선원 역할을 했다. 다만, 이때 곁눈질로 포경 기술을 배울 수 있었다고 한다. 하급 선원임에도

대형 고래를
해체하는 모습
(울산시 제공)

벌이가 도시 숙련노동자보다 좋아 지원자가 많았다. 해방 이후 일
본 포경회사가 철수하면서 장생포에는 소형 목선만 남았다.

1972년 100t급 철선이 포경선으로 활용되면서 포경산업도 규
모가 커졌다. 당시 포경선은 고래를 잡았다는 표시로 뱃고동을 울
렸는데, 소리가 저마다 달라 '누가 고래를 잡았구나'를 알 수 있었
다고 한다. 포경선에 매달고 온 대형 고래를 육지로 인양해 해체
하고, 온 마을 사람이 이를 구경하는 일이 하나의 의식이자 놀이
였다.

일본강점기 때는 귀신고래쇠고래와 참고래 등 대형 고래가 한해
100마리 이상씩 잡혔다고 한다. 이후 귀신고래가 급감해 참고래
가 주로 잡혔지만 이마저도 1970년대 들어 현저하게 줄었다. 참고
래는 1982년 8월 고 이승길포수씨가 울산 근해에서 22m짜리 한 마

리를 잡은 게 마지막이었다. 그러면서 과거에는 크기가 작고 상품가치가 없다고 거들떠보지 않았던 밍크고래가 고래잡이 시대 막바지에 주된 타깃이 됐다.

우리나라가 1978년 국제포경위원회IWC에 가입함에 따라 1986년부터 고래잡이는 전면 금지됐다. 장생포 주민들은 우리나라가 서양에 굴복했다며 반발했다. 실제로 미국이 IWC 비회원국의 미국 수역 내 조업권 축소를 내걸며 압력을 행사했다. 1970년대 말 인구 1만여 명에 달한 장생포는 일자리를 잃은 주민의 이탈로 도시기능이 쇠퇴했다. 그러나 2005년 고래박물관 개관 이후 고래생태체험관, 고래바다여행선, 고래문화마을 등 관광 인프라가 잇따라 들어서면서 현재 장생포는 한해 70만~80만 명이 방문하는 관광지로 거듭나고 있다.

천 년을 이어온 바다의 맛,
울산 돌미역

북구 앞바다 일명 '쫄쫄이 미역' 전국적 명성
해녀 노령화로 차츰 명맥 끊길까 고민

글 **김용태** 기자

돌미역 채취 후 건조하기 위한 작업 (울산시 북구 제공)

"울산의 곽전藿田은 본디 한지閑地가 아니라 진공進供하는 데 쓰이는 것을 오로지 여기에서 가져가는데….."

조선 숙종실록에 나온 울산 미역과 관련된 구절이다. 여기서 '곽전'이란 미역을 따는 곳을 말한다. 또 '한지'는 주인이 없는 땅, '진공'은 지방의 토산물을 임금이나 상급 관청 등에 바친다는 말이다. 풀이하면 울산 미역이 당시 궁에 오른 진상품이었음을 알 수 있다. 조선 시대 인문지리서인 '신증동국여지승람'新增東國輿地勝覽 제22권 울산군 편에도 울산 미역이 임금님 수라상에 올랐다는 대목이 있다. 이처럼 과거 울산 미역의 품질은 상당히 높이 평가받아 명성이 자자했던 것으로 보인다.

시간이 흘러 오늘날 울산은 '산업수도'를 표방하고 조선업과 자동차산업 중심지가 됐다. 그러나 산업화 물결 속에서도 울산 앞바다와 함께 살아가는 어민들은 아직 남아 있다. 특히 울산시 북구

의 제전마을을 비롯한 어촌에서는 여전히 과거의 명성을 잇는 맛 좋은 미역을 생산한다.

울산 북구 바다는 '돌미역' 최적지

　매년 4~5월이 되면 울산시 북구 구유동 제전마을에서는 어민들이 미역 말리기에 여념이 없다. 어민들은 소형 작업선으로 항구와 미역바위를 오가며 쉴 새 없이 미역을 따서 운반한다. 마을 물양장에서는 주민들이 미역을 건조하는 작업에 눈코 뜰 새 없이 바쁜 모습을 볼 수 있다. 미역 채취는 제전마을 주민들의 가장 중요한 어업 활동이다. 마을 모든 일정이 미역 채취에 맞춰 움직일 정도다.

그 노력에 걸맞게 제전마을 미역은 전국에서 최상품으로 인정받는다. 제전마을뿐 아니라 판지, 우가, 복성, 신명, 화암, 정자, 당사, 어물 등 울산 북구 어촌에서 생산되는 미역들은 모두 으뜸으로 꼽힌다. 해녀들이 바위에서 자라는 것을 직접 채취한 자연산 돌미역이다.

북구 해안은 암반이 많아 해조류가 성장하기에 적합한 환경이다. 특히 이곳 돌미역을 일명 '쫄쫄이 미역'이라고 부른다. 쫄쫄이 미역은 줄기가 길고, 잎과 줄기 폭이 좁고 두꺼운 데다 질감이 단단한 것이 특징이다. 오래 끓여도 풀어지지 않고 쫄깃한 탄력이 유지돼 산모용으로 높은 가격에 거래된다. 이에 반해 일명 '펄 미역'

돌미역을 채취하던 기구 (울산시 북구 제공)

이라 불리는 미역은 잎이 무성하고 넓다. 같은 종류의 미역이라도 자라는 환경에 따라 펄 미역이 되고, 쫄쫄이 미역이 되기도 한다. 동해안 중북부 지역은 펄 미역이 많이 채취되고, 울산 북구 바다는 쫄쫄이 미역이 더 많다.

북구 앞바다는 수심이 얕고 물이 맑아 일조량이 많다. 또 물살이 거칠어 미역의 육질을 단단하게 만든다. 어민들의 노력도 좋은 상품의 미역을 생산하는데 한몫한다. 어민들은 미역이 자라는 미역바위에 붙은 패류나 규조류 등을 제거해 미역 포자가 쉽게 붙을 수 있도록 돕는다. 이를 '기세작업'이라고 하는데 매년 11월이면 해녀들이 호미를 들고 바다로 들어가 바위를 긁어내는 작업을 한다. 포자가 바위에 촘촘히 안착하면 미역의 간격이 좁아져 쫄쫄이

곽암에서 돌미역 수확하는 해녀 (울산시 북구 제공)

울산

미역으로 성장하게 된다. 이곳 어민들은 자신들이 채취하는 미역이 다른 지역과는 비교되지 않는다고 자부한다.

울산 박씨 가문은 '미역 부자'

돌미역이 붙어 자라는 바닷속 암반을 미역바위라고 하는데, 울산에서는 곽암藿巖이라고도 부른다. '흥려승람'興麗勝覽, '학성지', '울산박씨세보' 등의 문헌과 사료에 따르면 울산 박씨 시조인 박윤웅이라는 인물이 왕건이 고려를 세우는 데 협조해 곽암 12구를 하사받았다고 전해진다. 이는 곽암에 논·밭처럼 소유주가 있었으며, 왕이 신하에게 상으로 하사할 정도로 곽암의 경제적 가치가 높았다는 점을 말해 준다. 고려 시대에도 울산에서 미역 채취가 활발히 이뤄졌다는 점도 알 수 있다.

울산 박씨 문중은 이후 대대로 미역바위를 소유했지만, 조선 영조 때 어사 박문수가 주민들의 호소를 듣고 바위를 나라에 환수시켰다고 한다. 그러나 이후 3년간 미역 흉작이 들자 바위 1구를 다시 박씨 문중에 돌려줬다는 일화도 있다.

제전마을 옆 판지마을의 앞바다 속 곽암은 '양반돌' 혹은 '박윤웅돌'이라고 불리는데, 울산광역시 기념물 제38호로 지정돼 있다. 천 년이 넘는 세월 동안 이 바위에서 미역이 채취되고 있다.

미역바위는 돌미역을 채취하며 살아가는 어민들에게 가장 중요한 삶의 터전이나 다름없다. 어촌 주민들은 매년 추첨을 통해 각자 미역바위를 배정받는다. 돌미역의 질은 미역바위에 따라 차이가 나기 때문에 추첨일을 전후해 어민 간 미묘한 신경전이 벌어지기도 한다. 마을별로 차이가 있지만 미역바위 한 개당 5~6명, 많게는 7명 정도가 배정되는 것으로 알려졌다. 고령으로 노동이 어렵거나 다른 생업을 우선으로 하는 주민은 추첨을 포기하는 대신 소정의 돈을 받기도 한다.

1960~70년대에는 울산 북구 대부분의 마을에서 수면 위로 솟아 있는 갯바위를 폭파해 바닷속으로 가라앉히기도 했다. 미역 생산량을 늘리기 위해 인위적으로 미역바위를 만든 것이다.

채취 즉시 팔리는 미역… 홍보도 필요 없어

울산 북구 앞바다에서 생산된 돌미역은 대부분 대구 서문시장에서 판매된다. 서문시장은 미역이 거래되는 전국 시장 중 규모가 가장 크다. 2016년 기준 60여 개 미역판매업소에서 울산 돌미역을 판매했다. 다른 지역에서도 쫄쫄이 미역이 생산되지만 울산 미역이 그중 최상품으로 평가받는다.

또 울산 돌미역은 판매를 위한 별도의 홍보가 이뤄지지 않는다. 홍보하지 않아도 생산 즉시 날개 돋친 듯 팔려나가기 때문이다. 오히려 물량이 부족할 정도다. 울산의 많은 기업체에서는 선물용으로 돌미역을 사는 것으로 알려졌다. 이 때문에 어민들도 굳이 홍보의 필요성을 느끼지 못한다고 한다.

울산시 북구는 각 마을에 돌미역을 포장하는 박스를 지원한다. 북구 인증 마크가 찍힌 동일한 도안의 박스에 포장하면 돌미역의 이미지 제고에 도움이 될 수 있다는 판

돌미역을 건조하는 모습 (울산시 북구 제공)

단에서다. 또 '해녀의 집'을 만들어 해녀들이 잠수복을 갈아입거나 쉴 수 있게 지원한다. 이처럼 높은 명성을 얻고 있는 울산 돌미역이지만 미래가 마냥 낙관적이지만은 않다. 미역을 따는 해녀들의 노령화로 물질 횟수가 점점 줄어들지만 일을 이어받을 해녀가 드문 탓이다. 마을 경제에서 미역이 차지하는 비중도 예전보다는 점차 작아지는 것으로 전해졌다.

울산 북구 관계자는 "현재까진 돌미역 생산량이 줄어들거나 하는 큰 변화는 없는 상태"라면서도 "장기적인 관점에서 해녀의 명맥이 끊어졌을 때를 대비한 고민은 필요해 보인다"고 말했다.

방어 많이 잡혀 '방어진'

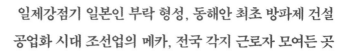

일제강점기 일본인 부락 형성, 동해안 최초 방파제 건설
공업화 시대 조선업의 메카, 전국 각지 근로자 모여든 곳

글 **김근주** 기자

울산 방어진은 정말 생선 방어가 많이 잡혀서 방어진일까. 한반도 동쪽 끝 모퉁이에 있어서 방어진일까. 조선 시대 역사 기록을 보면 실제 방어가 많이 잡혔던 것으로 유추된다. 현재 방어진은 한자로 '方魚津'이라고 표기하는데, 위치가 울산 육지의 끝 쪽 모퉁이方에 있어 이렇게 정했다는 설도 있다.

방어진은 지명 유래만큼이나 다양한 역사를 지니고 있다. 조선 시대 삼포 개항지 중 하나인 염포를 포함한 곳이기도 하며, 국토를 방어하는 마지막 보루이기도 했다. 근대 울산 최대의 어항으로 장생포와 더불어 고래잡이를 했고, 현대에는 우리나라 조선 산업의 메카로 성장해 전국 각지에서 근로자들이 모여들었다.

일제강점기
방어진 모습
(울산 동구 제공)

307

방어진은 말 목장이 있던 곳

　방어진이라는 지명은 조선 시대 공식문서 속 목장의 명칭을 통해 본격 확인된다. 1469년 '경상도속찬지리지', 1471년 신숙주의 '해동제국기' 속에 '방어진 목장'이 등장하며 1861년 김정호의 '대동여지도'에도 방어진이 나온다. 목장에는 360마리의 말을 길렀지만, 조선 말기에 폐지됐다. 이 자료에선 생선을 뜻하는 한자로 방어진을 표기해 당시 방어진 앞바다에서 방어가 많이 잡힌 것을 유추할 수 있다. 지금도 과거만큼은 아니지만, 겨울이면 방어가 잡히고 있다. 일부에선 조선 시대보다 앞선 고려 때 적의 침입을 막은 방어사防禦使를 둔 것에서 방어진이라는 지명이 유래됐다는 설을 제기한다. 동음을 표기하면서 생선을 나타내는 한자로 바뀌었다는 것이다.

경술국치 이전부터 일본인 부락 들어선 방어진

　방어진과 일본은 밀접한 연관이 있다. 조선 시대 삼포 개항지 중 하나로 교역했고, 1910년 경술국치 이전부터 일본인 부락이 형성된 곳이다. 방어진에 처음 일본 선박이 들어온 것은 1897년쯤으로 추정된다. 일본 오카야마岡山현 히나세日生地촌의 사람들이 조업 중 떠내려와서

일제강점기 방어진 모습 (울산동 구 제공)

피난한 것이 시작이다.

일본인 이주 어촌이 본격적으로 형성된 것은 1906년경이며 1908년 '한국 어업법' 발표 이후 본격화됐다. 울산 앞바다까지 진출한 일본 어민이 다시 돌아갈 때 해상 사고 위험 등으로 눌러앉게 된 경우가 많은 것으로 알려졌다. 경술국치 이후에는 히나세 어민의 집단지가 돼 이주 가구가 수백 개에 달해 '히나세 골목'이라는 명칭까지 생겨났다.

일본 기록에도 방어진을 한반도 남쪽 최대 어항으로 소개했다. 일본 어민들은 주로 울산 앞바다에서 고등어잡이를 했던 것으로 전해진다. 고등어잡이로 일본인 재벌도 생겨났고, 방어진을 쥐락펴락하는 지배자가 돼 갔다. 동해안 최초로 1928년 방어진 방파제를 만들어 대대적인 행사를 열고 기념비를 세우기도 했다. 광복 이후 일본인은 선박에 실을 수 있는 것은 모두 싣고 떠났다. 그들이 떠난 자리에 남겨진 것은 텅 빈 공허함 뿐이었다.

이후 방어진에는 포경업이 시작됐다. 우리 어민이 1948년 11월에 '동양포경회사'를 설립해 고래잡이를 했다. 장생포 포경산업보다는 규모가 작았지만, 한때는 앞섰다는 기록도 있다.

한국전쟁 휴전 직후인 1954년 방어진항의 모습은 "포경선 한 척이 고래 두 마리를 포획해 배 양쪽 허리춤에 매달고 들어오는 광경은 사람들의 가슴을 부풀게 했다. 구경꾼들이 꼬리를 물었다"고 기록돼 있다. 다만, 1970년대 중반부터 방어진 포경은 장생포로 옮겨 단절된 것으로 전해진다.

세계 최대 조선소 현대중공업 건설… 원주민 이주

　현재 방어진은 세계 최대 조선소인 현대중공업으로 대표된다. 1972년 미포만을 기점으로 현대조선소의 건설이 시작됐다. 넓은 해안을 매립하여 도크장을 만들어가면서 한쪽에서는 선박을 건조해 나갈 정도로 빠르게 진행됐다. 당시 근로자들의 영웅담이 아직

도 전해지고 있다. 조선소 역사는 곧 원주민 이주의 역사이기도 하다. 조선소 부지는 확장을 거듭하면서 미포동 주민들은 남목으로 이주하였고, 전하, 녹수마을 주민들도 두 번에 걸쳐 이주하게 된다. 산과 들, 논밭을 밀어 택지를 조성하면서 옛 마을과 정자, 제당과 당수나무, 공회당과 우물가, 마을을 수호하던 안산과 진산이 헐리고 사라졌다.

또 전국 팔도에서 근로자들이 모여들면서 이 지역 노동요, 지신밟기, 전설과 지명유래 같은 향토색이 두드러진 문화요소들이 모두 뒤섞여 향토색을 잃었다. 여기다가 조선소 외국 선주들이 상주하면서 외국인 거리도 생겨났다. 한때는 선주 가족까지 2천 명이 넘는 외국인이 방어진 거리를 채웠다. 수년 전부터 불어 닥친 조선업 불황에 이제는 그 외국인들도 크게 줄었고, 각지에서 모여든 근로자들도 빠져나가면서 다시 찾아온 적막함이 안타까움을 더한다.

장세동 울산동구문화원 지역사회연구소 소장은 "방어진은 일제강점기 아픈 역사와 함께 근·현대 최대 호황을 누린 곳이기도 하다"라며 "방어진항의 잠재력이 지금의 어려움도 극복할 것으로 본다"고 말했다.

현대중공업 해양사업부

방어 많이 잡혀
'방어진'

대중가요 한 곡이 만든
'화합의 장' 화개장터

조선 시대엔 중국 비단·제주 생선도 거래
한국전쟁 후 쇠락했다가 화재 이기고 재개장

글 **지성호** 기자

비록 실현되지는 않았지만 2017년 제19대 대통령 선거운동 과
정에서 더불어민주당 선거대책위원회는 영남·호남 공동선대위
발족식을 경남 하동군 화개장터에서 하려 했다. 앞선 18대 대선
정국에서도 무산되기는 했지만 당시 집권여당인 새누리당 대통
합위원회가 화개장터에서 박근혜 당시 대선 후보가 참석한 김장
하기 행사를 주최하려고 했다. 왜 화개장터일까. 무엇보다 화개
장터의 정치적 상징성이 국내 어떤 곳보다 크다고 생각했기 때
문일 것이다. 그런 까닭에 대권을 꿈꾸는 사람들은 거의 예외 없

경남 하동군 화개면 탑리에 있는 화개장터 입구

이 화개장터를 찾곤 한다. 18대 대선 열기가 고조될 무렵인 2012
년 7월, 민주당 후보로 부상하기 시작한 김두관 전 경남지사가
이곳을 찾아 전의를 다졌는가 하면, 2016년 8월에는 집권여당 대
표 출신으로 박근혜 당시 대통령과 대립각을 세우고는 소위 '민
생투어'에 나선 김무성 의원 역시 이곳을 주요한 탐방지 중 한 곳
으로 삼았다. 화개장터가 지닌 상징성, 특히 영·호남 화합의 장
이라는 정치적 상징성은 어느 때보다 커졌다. 하동군 섬진강 변
의 어느 이름없는 마을이 어떻게 이런 드라마틱한 변모를 겪고
있는 것일까.

화개장터가
조선후기 지방지도에
'탑촌'(塔村)으로
소개돼 있다. (경상대
고문헌도서관 제공)

조선 시대 생긴 장터

화개장터는 옛 화개장花開場이 열린 터 인근에 하동군이 복원한
일종의 재래시장이다. 영남과 호남의 경계를 이루는 섬진강 변에
있다. 그 서쪽으로 2003년 준공한 남도대교를 건너면 전남 구례군
간전면 운천리에 닿는다. 남쪽으로 국도를 따라 2~3분 달리면 전
남 광양시 다압면 하천리가 나온다. 화개장이 언제부터 열렸는지

는 확실하지 않다. 매달 1일과 6일 오일장이 열린 흔적만은 확인된다.

화개장 기록은 1603년^{선조 36년} 전라좌도섬진진지도^{全羅左道蟾津鎭地圖}에 나타난다. 나루 이름인 섬진진^{蟾津鎭}은 지금의 광양시 다압면 도사리에 있었다. 회화적 기법을 살려 섬진진과 주변의 모습을 묘사한 이 지도는 섬진강을 따라 이어진 장시의 발달을 보여준다. 영남과 호남 접경에 있는 화개장, 소설 '토지'의 무대인 악양동^{岳陽洞} 장시, 그리고 하류 지역 장시 등이 표시돼 있다.

1770년 편찬된 동국문헌비고를 보면 "하동에는 화개장(1·6일) 등 4곳에 시골장이 서고 있다"란 대목이 있다. 이곳은 전북 남원과 경북 상주 상인들까지 모이고 중국 비단과 제주도 생선까지 거래되는 등 규모가 컸던 것으로 알려졌다. 조선 후기 김정호의 '대동지지'에도 하동에 속한 두 개 고읍^{古邑} 중 하나로 악양과 함께 소개돼 있다. 경상대 고문헌도서관이 소장한 조선 후기 지방지도에는 탑촌^{塔村}으로 등장한다. 이 동네 옛 우체국 자리에는 지금도 통일신라 시대 삼층석탑이 있으니, 아마 이 탑에서 유래한 명칭인 듯하다. 주변에는 '봉상사'라는 사찰이 있었다는 기록도 있다.

"오고 가는 객주 끊이지 않았다"··· 2001년 장터 복원

소설가 김동리는 근대기 화개장터 모습을 단편소설 '역마'에서 다음과 같이 묘사했다.

"장날이면 지리산 화전민들의 더덕·도라지·두릅·고사리들이 화개골에서 내려오고/ 전라도 황화물 장수들의 실·바늘·면경·가위·

화개장터 기념비

허리끈·주머니 끈·족집게들이 또한 구렛길에서 넘어오고/ 하동길
에서는 섬진강 하류의 해물 장수들의 김·미역·청각·명태·자반조
기·자반고등어 등이 들어오곤 하여 산협山峽치고는 꽤 은성殷盛·번
화하고 풍성하다한 장이 서기도 하였으나…"

하지만 6·25전쟁 이후 어물전과 난전, 비단가게 등 화개장의 옛
모습은 사라졌다. 장터에는 섬진강에서 나는 은어와 참게 등을 요
리해 파는 음식점만 즐비했다. 다만 화개장터 앞 기념비에 적힌 다
음과 같은 글귀가 번성했던 화개장 모습을 전할 뿐이다.

"섬진강이 수문을 연 이래 영남과 호남을 잇던 이곳에 삼한 시대에
화개관이라 불린 요새가 장터 역할을 했다는 이야기가 전해진다.
1726년 번성기를 맞아 전국적으로 손꼽히는 시장이 되었고 객주의
오고 감이 끊이지 않았다."

하동군은 2001년 옛 화개장터 앞 화개천 건너편 농지에 장터를 복원하고, 상설 관광형 시장으로 개장했다. 그 뒤 2014년 11월 27일 새벽 2시 30분에 난 불로 장터 내 전체 점포 80개 가운데 41개와 보관 중인 약재 등이 잿더미가 되는 큰 재난이 있었다. 화재 소식을 들은 하동군 출향인들은 물론 전남 광양시 공무원들도 하루빨리 복구해 개장이 이뤄지도록 십시일반 성금을 보탰다. 당시 하동군에는 3억2천400만원이 모였다. 섬진강을 사이에 둔 이웃

화개장터 상가

경남 하동

사촌 광양시 공무원 415만2천원과 광양시의회 50만원 등 광양시에서 800여만원을 모아 하동군에 기탁했다. 하동군은 정부교부세 5억원 등 총 25억원을 들여 한옥 구조의 장옥 등을 복원하고 2015년 4월 3일 재개장했다. 그 결과 화개장터는 다시 하동의 최고 관광지이자 영호남 화합의 장이 됐고, 연간 150여만명이 찾는 명소로 발전했다.

같은 제목 가요 한 곡, 장터 살린 결정적인 힘

화개장은 광복 후에도 오일장을 유지하다가 6·25전쟁 후 지리산 빨치산 토벌 과정에 산촌이 황폐해지면서 쇠락해 명맥만 유지했다. 그러다가 1988년 가수 조영남이 노래 '화개장터'를 발표하면서 장터는 영·호남 화합의 상징으로 자리매김했다.

'전라도와 경상도를 가로지르는 섬진강 줄기 따라 화개장터엔/ 아랫마을 하동사람 윗마을 구례사람 닷새마다 어우러져 장을 펼치네…'

이 노래는 한동안 조영남 작사·작곡으로 알려졌지만 가사는 김한길 전 새정치민주연합 공동대표가 쓴 것으로 밝혀졌다. 2009년 한 방송국 프로그램에 출연한 조영남은 이렇게 말했다.

"김한길이라고 있죠? 머리 하얀. 둘 다 백수일 때가 있었죠. 인기 폭락했을 때 그 친구도 미국서 살다가 바닥이 됐는데, 그 친구가 신문 쪽지를 내밀더니 '이걸 노래로 만들어야 한다' 더군요, 경상도, 전라도 구분 없이 사이좋은 화개장터에 대한 가사였어요."

화개장터
조영남 동상

"장터인데 무슨 노래가 되느냐고 했더니 '뜻이 있지 않으냐'고 했어요. '전라도와 경상도가 합치는'이라는 말이었죠. 그래서 '네가 글을 써봐라'라고 했죠. 그 친구가 소설가니까. 둘이서 곡을 만들었어요."

영호남 지역갈등이 첨예한 시기에 발표한 이 노래는 갈등을 적잖이 해소하는 역할을 했다는 말을 듣는다. 이를 계기로 화개장터는 '화합'을 호소하는 상징적인 공간으로 거듭났다. 영남과 호남의 인심을 동시에 맛보고 바구니 가득히 남도 물산으로 장도 보면서 잘못 조장된 갈등을 일상적인 삶으로 풀어보라고, 화개장터는 지금도 손짓하고 있다.

코발트블루의 바다향,
'한국의 피카소' 전혁림의 통영

통영시, 전혁림 생가 자리에 미술관 건립
청와대엔 '통영항' 걸려

글 **박정현** 기자

전혁림 화백의 통영항

색채의 마술사, 다도해의 물빛 화가, 색면추상의 대가, 한국적 추상화의 비조, 한국의 피카소. 평생을 통영에서 살며 통영을 배경으로 그림을 그린 전혁림[1916~2010] 화백을 일컫는 수식어다. 그의 작품이 대중들에게 본격적으로 알려지기 시작한 것은 14년 전이다. 2005년 11월 경기 용인의 이영 미술관에서 전 화백 신작전이 열리고 있었다. 아침 방송을 통해 우연히 관련 보도를 본 노무현 전 대통령은 그 자리에서 방문을 결정한 뒤 버스를 타고 미술관을 방문했다. 전시회를 관람한 노 전 대통령은 '한려수도'라는 작품을 구매하길 원했으나 사이즈가 너무 커 청와대에 걸 곳이 없었다. 이에 노 전 대통령은 같은 그림을 다시 그려줄 것을 청했다. 그렇게 탄생한 작품이 미륵산과 남해안 풍경을 담은 가로 7m, 세로 2.8m의 1천호짜리 유화 '통영항'이다.

다시 청와대에 걸린 '통영항'

제작 기간 4개월을 거쳐 완성된 이 작품은 2006년 3월 청와대 본관 인왕실에 걸렸다가 이명박 정부 때 국립현대미술관으로 옮겨졌다. 이후 문재인 대통령의 지시로 2017년 중순께 다시 청와대로 귀환하면서 세간의 이목을 집중시켰다.

이와 관련해 전 화백은 살아생전 주변에 '억울함'을 토로했다고 한다. 노 전 대통령에게 그림을 팔았다는 이유로 '좌파 예술가'로 낙인찍힌 바람에 보수성향 지방자치단체장들로부터 각종 지원금을 제대로 받지 못하는 등 알게 모르게 차별받았기 때문이다. 굳이 정치성향을 따지자면 전형적인 '경상도 보수'에 가까웠던 전 화백은 "대통령이 그림을 팔라는데 안 팔 화가가 어디 있겠느냐"고 푸념하기도 했다.

청와대 인왕실에 걸린 통영항

경남 통영

노 전 대통령은 대통령이 되기 전 전 화백을 잘 알았다고 한다. 부산에서 변호사 활동을 하던 노 전 대통령의 동료 중 전 화백으로부터 그림을 배운 제자도 있어 전 화백은 그 일대에서 나름 명성이 높았다. 간접적으로 전 화백의 이야기를 전해 듣던 노 전 대통령이 방송에서 그의 소식을 듣자 '아직 살아서 작품활동을 하고 있네'라는 반가운 마음에 전시회로 달려가 만났다는 것이다. 그 전까지 전 화백은 노 전 대통령과 일면식도 없었다. 이렇듯 전 화백은 통영을 대표하는 화가다.

정지용이 극찬한 통영 풍광

그는 평생 통영에 살며 아름다운 자연과 시리도록 푸른 색채를 화폭에 담아냈다. 전 화백은 일제강점기인 1916년 경남 통영 무전동에서 태어났다. 어린 시절 그는 세계적인 장대높이뛰기 선수가 되고자 틈만 나면 통영 바닷가에 펼쳐진 모래사장에서 뛰어놀았다. 노란 모래사장, 푸르게 깔린 바다, 파란 하늘을 차고 뛰어드는 기쁨은 그를 환상처럼 붙잡았다. 시인 정지용은 1950년 통영기행문에서 "금수강산 중에도 모란꽃 한 송이인 통영과 한산도 일대의 풍경, 자연미를 나는 문필로 묘사할 능력이 없다"고 통영의 아름다운 풍광을 극찬하기도 했다. 그가 작품에서 코발트블루를 즐겨 쓰고, 색에 민감하며, 자연이 가장 위대한 스승이라고 말하는 것도 그 같은 환경 속에서 어린 시절을 보냈기 때문이다.

또 당시 통영은 타지역보다 일찍 개화된 곳이기도 했다. 일찍이 통영은 조선 시대 삼도수군통제의 본영으로 세병관을 중심으로 한 열두 공방이 있어 문물이 앞선 지역이었다. '피 묻은 병장기를 닦아낸다'라는 뜻의 이름을 가진 세병관洗兵館은 임진왜란이 끝나고 한산도에 있던 삼도수군통제영이 육지인 통영으로 옮겨오면서 지어진 객사 건물이다. 일제강점기에는 소지주의 자식들이 일본유학을 다녀와 자못 문화적 분위기를 만들고 기후도 온화해 많은 일본인이 이주해 살기도 했다.

아름다운 통영항

혼자 시작한 그림

이런 분위기 속에 그는 성장기를 거치며 점차 글을 쓰는 작가가 되고 싶다는 생각을 하게 됐다. 그러나 그것도 잠시, 번역이 필요한 언어의 한계를 넘어서 나 자신을 온전히 표현하며 살고 싶다는 생각은 그를 자연스레 미술로 이끌었다. 특히 일본 미술 잡지를 통해 접한 피카소, 샤갈, 마티스의 그림은 그에게 깊은 인상을 남겼다.

1933년 통영수산학교를 졸업하고 미술을 배우려 했으나 집안 형편이 어려워 미술학교 유학을 포기하고 진남 금융조합에 다니며 누구의 가르침도 없이 혼자 그림을 그리기 시작했다.

그에게 유일한 스승은 바로 통영의 푸른 바다와 섬이었다. 애초 프랑스로 유학을 가 그림을 체계적으로 배워보려 했으나 1945년 해방이 오자 민족정신을 문화예술로 고취하고자 조국에 남아 활동을 이어가기로 마음먹었다.

　이때 그와 통영에서 함께 활동한 예술가 동지가 작곡가 윤이상,
시인 유치환·김춘수·김상옥 등이었다. 지방이라는 한계에도 그
들은 각각의 영역에서 열성적으로 활동했으며 후대 예술가들에게
지대한 영향을 끼쳤다.

　전 화백은 회화를 통해 통영의 아름다움뿐만 아니라 그 속에 깃

생전 작업에 몰두 중인
전혁림 화백

든 삶의 역동성과 고난도 함께 보여주고자 했다. 동시에 고도의 문
화는 추상의 차원에서 이뤄진다고 믿고 평생 추상화를 그렸다. 그
런 그에게 하늘을 이고 있는 듯 잔잔히 빛나는 통영의 쪽빛 바다
와 다도해 물결은 끊임없이 영감을 불러일으키는 창작의 근원이
었다.

그의 작품은 전통 오방색채와 조형성을 바탕으로 한국성을 나
타내는 추상화와 통영을 중심으로 한 바다 풍경으로 크게 나뉜다.
세간에 가장 잘 알려진 작품인 '통영항'도 통영 바다의 강렬한 색
채를 화폭에 푸른 빛으로 담아 미래지향의 세계를 추구하려는 의
지를 나타낸다. 이처럼 통영 풍광을 배경으로 한 일련의 작품에 영
감을 준 통영항은 한려수도의 비경을 간직해 '한국의 나폴리'로 불
린다. 1963년 9월 개항한 이곳은 주로 수산물의 수출입을 담당하

고 있는 국제무역항이다. 또 전국 수산물 생산량의 10%에 해당하는 연간 27만t의 수산물이 집산되는 우리나라 연근해 어업의 전진 기지항이자 남해안에 산재한 크고 작은 섬들을 연결하는 해상 교통의 중심지이기도 하다.

서호시장과 동피랑

통영 여객선터미널과 마주 보는 서호시장은 각종 해산물과 활어로 유명하며 통영 대표 먹기리인 꿀빵을 파는 가게가 곳곳에서 관광객들을 유혹한다. 화물선부두에 정박한 배들을 따라가면 호리병처럼 옴팍하게 만곡진 항인 강구안이 나오는데 이곳의 뒤쪽 언덕은 유명한 벽화마을 동피랑이다. 이밖에 거북선이 있는 문화마당과 와자지껄한 분위기로 활기가 넘치는 중앙전통시장도 빼놓을 수 없다.

천혜의 자연환경에 둘러싸여 어린 시절부터 예술적 감수성을 키워온 덕분에 전 화백은 화가로서 천부적인 재능은 탁월했지만, 환갑이 넘도록 명성을 얻지 못하고 그저 그런 지방 화가 취급을 받았다. 평생을 통영에 머물며 서울 중심의 중앙화단과 교류가 없었던 탓이다.

젊은 시절엔 애써 그렸던 캔버스의 그림을 지우고 다시 사용할 정도로 경제적으로 어려웠다. 그런 그가 한국 화단의 중심에 선 시기는 나이 60대 중반이 넘어서였다. '계간 미술'이란 미술 전문 계간지가 백남준, 오지호와 함께 알려지지 않은 작가로 전 화백을 재조명한 것이다. 이제는 명실공히 한국 추상회화의 개척자로 인정받아 고향에 그를 기념하는 '전혁림미술관'도 세워졌다. 미륵도 용화사 가는 길목에 있는 이 미술관은 전 화백이 1975년부터 30년 가까이 생활한 집을 헐고 2003년 신축한 곳이다.

전혁림미술관과 전혁림거리

미술관은 건물 자체가 전 화백의 작품이나 마찬가지다. 통영 바다를 상징하는 등대와 사찰의 탑을 접목했으며 세라믹 타일 7천 500장에 그의 작품을 담아 외벽을 장식해 화사하고 미려하다. 특히 3층 외벽은 1998년 작품인 '창'으로 가로 10m, 세로 3m를 장식했다. 미술관 전시실에는 전혁림 화백의 작품 80여점과 미술 도

전혁림미술관

경남 통영

구, 생애를 엿보게 하는 사진과 시화 등의 자료가 전시돼 있다. 미술관 관장은 그의 아들인 전영근 화백이 맡고 있다. 미술관을 중심으로 그가 생전에 거주하며 활동한 봉평동 거리 일대는 '전혁림거리'로 선포됐다. 전혁림거리 한쪽에 자리한 당산나무 아래에는 높이 2m, 폭 50㎝ 규모의 화비도 설치돼 있다.

안타깝게도 변함없이 아름다움을 유지하고 있는 자연환경과 기념 미술관, 봉평동 전혁림거리 외에 전 화백의 발자취를 느낄 수 있는 곳은 통영에 거의 남아 있지 않다. 전혁림미술관도 아들 전영근 화백이 사비를 털어 아버지 사후 완공한 곳이다. 통영은 유명 관광지인 동시에 문화예술의 도시이기도 하다는 점을 고려하면 아쉬움이 남는 대목이다.

시 관계자는 "전 화백 관련 사업으로 매년 국내 서양화 작가를 대상으로 한 '전혁림 미술상'을 5회째 개최 중"이라며 "이밖에 다른 지원 사업계획은 당장 없으며 중·장기적으로 검토해 추진할 예정"이라고 말했다.

경남 통영

캔버스가 된 담벼락,
'한국의 몽마르트르' 통영 동피랑

철거 위기 이겨내고 마을재생사업 통해 벽화마을로
발걸음을 붙잡는 힐링 여행지

글 **박정현** 기자

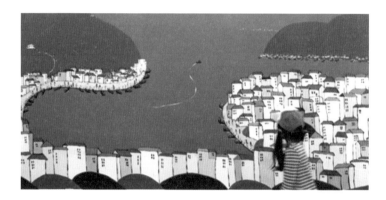

국내 대표 벽화마을
통영 동피랑을 찾은
아이가 통영항을
그린 벽화를 구경
하고 있다.

한때 재개발 계획으로 철거될 뻔했던 달동네에서 지금은 하루 평균 3천여명이 찾는 국내 대표 벽화마을이 된 곳. 통영항을 끼고 중앙시장 뒤쪽으로 좁고 가파른 언덕을 올라가면 동화 속 그림 같은 알록달록한 색채의 마을을 찾을 수 있다. 마을 담벼락에 그려진 각종 벽화 때문에 자유분방한 예술 향취가 느껴져 '한국의 몽마르트르'라 불리는 통영 동피랑이다.

평범한 달동네에서 벽화마을 대표 관광지로

'동피랑'이라는 이름은 '동쪽'과 '비랑'이라는 말이 합쳐지면서

생겼다. '비랑'은 '비탈'의 통영 사투리인데 그 앞에 '동쪽'을 나타
내는 말 중 '동'만 떼어 붙이며 '동피랑'이라 불리게 된 것이다. 이
곳은 조선 시대에 이순신 장군이 설치한 통제영統制營의 동포루東
砲樓가 있던 자리로 한국전쟁을 거치며 섬에서 육지로 나온 사람,
실향민, 뱃사람 등이 터를 잡아 형성됐다. 이후 동피랑은 줄곧 서
민들의 삶터였고 벽화마을로 변하기 전인 2007년에도 저소득층
주민 약 80가구 120여명이 살고 있었으며 지금도 사정은 크게 다
르지 않다.

애초 통영시는 낙후된 마을을 철거해 동포루를 복원하고 주변
에 공원을 조성할 계획이었다. 그러나 주민 대다수가 저소득층이
어서 공시지가를 토대로 보상을 받고 다른 곳으로 간다면 제대로
살기 어려운 형편이었다. 그러자 2007년 10월 통영RCE, 푸른통
영21추진협의회 등 단체들이 나서 현지답사를 하며 주민 의견을
들었다. 조사 끝에 이 단체들은 지역 역사와 서민들 삶이 녹아 있
는 독특한 골목 문화로 마을을 재조명하자는 의견을 냈다. 공공미
술을 통해 문화와 삶이 어우러지는 마을을 만들어 예향 통영을 체
감할 수 있는 장소로 가꾸자는 것이었다.

통영 동피랑
벽화마을 골목마다
그려진 벽화

한 관광객이 벽화를
배경으로 사진을
찍고 있다.

방향을 잡은 이들은 전국에서 직업 화가는 물론 미대생과 일반
인까지 섭외해 낡은 담벼락에 벽화를 그리기 시작했다. 벽화로 꾸
며진 동피랑 마을에 대한 입소문이 나자 전국에서 사람들이 몰려
들었으며 관광명소가 된 마을을 보존하자는 여론도 형성됐다. 이
에 시는 동포루 복원에 필요한 마을 꼭대기 집 3채만 헐고 마을 철
거방침을 철회했다.

철거 대상이었던 동피랑 마을은 현재 형형색색의 벽화를 구경
하려는 관광객들 발길이 끊이지 않으면서 새로운 명소로 변모했
다. 당시 벽화를 그리는 데 쓰인 예산은 수천만원에 불과했다. 삶
의 애환이 서린 터전을 지키고자 하는 단합된 의지가 많은 사람의
마음을 움직여 큰 성과를 일궈낸 것이다. 동피랑이 유명해지면서
관광객을 끌어모으자 전국에 벽화마을 조성이 유행처럼 번지기도
했다.

'주민참여형 디자인'으로 일궈낸 기적

특히 동피랑 벽화는 '커뮤니티 디자인'community design 개념을 본격 도입한 것으로 유명하다. 커뮤니티 디자인이란 사람과 마을이 서로 연결되는 방법을 찾기 위해 현지 주민의 의견을 먼저 듣고 이를 분석한 데이터와 디자인을 공공사업에 접목하는 것이다. 가령 공원을 만들 경우 지방자치단체가 인력과 예산을 투입해 단순히 아름다운 공간을 조성하는 것이 아니라 지역 사람들이 스스로

통영 동피랑 벽화마을 언덕에서 보이는 강구안 전경

공원을 만들게 유도하는 '주민참여형 디자인'이 더 특별한 가치를 생산한다는 개념이다.

동피랑도 몇장의 벽화를 형식적으로 나열한 것이 아닌 예술에 대한 깊은 조예나 학식 없이도 누구나 천천히 걸어 다니면서 느낄 수 있는 곳으로 재구성하고자 노력을 기울인 끝에 지금의 모습이 됐다. 낡고 얼룩진 벽을 캔버스로 만들어 단절과 외로움이 아닌 마을 사람들과 외지인들이 소통하는 수단으로 만들기 위한 시도는 골목 그림 공모전 등 각종 참여형 행사로 이어졌다.

2년마다 동피랑 벽화를 새로 단장할 기회를 얻을 수 있는 동피랑 벽화 축제에는 전국 100여개팀이 몰릴 정도로 열기가 뜨겁다. 2년마다 벽화를 새단장하니 짧은 시간에 흉물이 되는 단점도 보완하고 동피랑을 다시 찾는 사람도 늘었다. 매년 50여개의 지자체와 단체가 벽화를 모티브로 한 마을 만들기 성공사례를 살펴보기 위해 방문하고 있다.

동피랑이 이처럼 성공적으로 발전할 수 있었던 가장 큰 이유는 주민들이 벽화를 그리는 작가들과 함께 아이디어를 공유하고 이야기를 나누는 등 스스로 주인의식을 가지고 마을을 운영하기 때문이다. 덕분에 통영을 찾는 사람들에게 케이블카를 타고 미륵산 정상에서 주변 경관을 눈에 담은 뒤 동피랑을 찾는 것은 관광코스가 됐다.

카페에 들어서면 통영 강구안이 한눈에

제멋대로 꼬불꼬불 구부러진 오르막 골목길은 300m 길이로 달동네 특유의 옛정서와 현대적인 벽화가 뒤섞여 독특한 운치를 풍긴다. 담벼락은 줄줄이 이어진 모습이 마치 소라고둥 속을 닮았고 마을 전체를 뒤덮은 벽화는 저마다 개성을 뽐내는 다양한 모습과 색깔을 하고 있다.

동피랑 마을 언덕에서 바라보는 해안선과 통영항 풍경은 통영을 '동양의 나폴리'라 불러도 손색없을 만큼 아름답다. 이곳은 또 총 30여개에 달하는 카페로 유명한데 언덕이라 바다가 한눈에 보

통영 동피랑
벽화마을 골목
사이사이에 카페가
빼곡히 들어서 있다.

경남 통영

여 커피를 마시면서 경치를 즐기기에 안성맞춤이다. 앉아서 풍경을 바라보거나 일행과 수다를 떨 수 있는 일반적인 카페도 있으나 입석 형태의 노천카페도 많다.

통제영성 망루인 '동포루'가 있는 마을 꼭대기에 오르면 강구안 절경이 한눈에 들어오며 마을 곳곳은 드라마와 영화 촬영지로 활용된다. 화가나 작가 등 예술가들이 빈집을 리모델링해 작품활동을 하는 곳도 있다. 최근 동피랑에는 예전에 찾아볼 수 없던 가게 10여개가 문을 열고 성업 중이다. 주로 관광객들을 상대로 한 게스트 하우스와 꿀빵, 간단한 음료수 등을 판매하는 곳이다. 작은 가게지만 벽화마을이 유명해지면서 하나둘 자생적으로 생겨났다. 모두 주민들의 주요 소득원이 되고 있다.

이곳에서 4년째 카페를 운영 중인 남모(61·여)씨는 "벽화마을이 조성되기 전에는 저물녘 막걸리를 마신 노인들의 고즈넉한 노랫소리가 들리는 흔한 달동네였다"고 말했다.

시 관계자는 "동피랑은 매년 관광객 약 200만명이 찾는 통영 최고 관광지로 2년마다 벽화를 교체해 사람들이 꾸준히 찾는다"며 "조선업 경기가 좋지 않으면서 관광업 활성화가 지역경제에 큰 도움이 되고 있다"고 설명했다.

통영 동피랑 벽화마을 입구에 세워진 안내도

"나 밀양사람…"
의열 정신 흐르는 밀양 해천

김원봉·윤세주 등 독립운동가 수두룩
'약산로', '석정로' 도로명에 새긴 독립투쟁의 역사

글 **최병길** 기자

경남 밀양 시내 중심가에는 아주 작은 하천이 하나 흐른다. 시내 내일동과 내이동 경계를 따라 흐르는 길이 600여m인 이 하천의 이름은 '해천'塜川이다. 한때 곳곳이 콘크리트로 덮여 있었지만 생

경남 밀양시 내일동과 내이동을 경계로 흐르는 해천

태하천 복원사업을 통해 2015년 다시 세상 밖으로 모습을 드러냈다. 원래 해천은 조선 성종 10년인 1479년 밀양읍성을 외부 공격으로부터 방어하려고 만든 너비 5.9m 해자였다. 이 작은 해천을 낀 동네에는 일제강점기 나라를 되찾기 위해 사투를 벌인 의열義烈 정신이 살아 숨 쉰다. 해천 주변 반경 500m 이내에 살던 사람 가운데 독립운동으로 서훈을 받은 사람만 26명에 이른다. 특히 이 동네에 살다 멀리 만주 땅에서 조선 독립에 함께 몸을 던진 죽마고우竹馬故友 이야기는 듣는 이의 가슴을 뭉클하게 한다.

"나 밀양사람 김원봉이요"

지난해 3월 7일 해천 곁에서는 역사적인 기념관 한 곳이 문을 열었다. 바로 의열기념관이다. 기념관이 선 곳은 밀양시 내이동

**해천에 문을 연
의열기념관**
(밀양시 제공)

경남 밀양

朝鮮義勇隊成立紀念
一九三八年十月十日

조선의용대 단체사진
(밀양시 제공)

901번지약산로 노상하1길 25-12. 이곳은 일제 강점기 의열단장, 조선혁명군사정치간부학교 교장, 조선민족혁명당 총서기, 조선의용대 총대장, 한국광복군 부사령, 임시정부 군무부장국방장관을 역임한 항일독일운동가 약산若山 김원봉1898~1958 생가터다.

화려한 독립운동 이력에도 김원봉이란 이름은 그동안 잘 알려지지 않았다. 2015년 천만 관객을 돌파하며 흥행몰이를 한 영화 '암살'에서 나온 김원봉조승우 분의 짧은 명대사 이후 사람들의 뇌리에 많이 남았다. "가서 (김구) 선생께 전하시오. 나 밀양사람 김원봉이요." 같은 독립군 사이에서도 제대로 정체를 모른 신출귀몰한 인물이었던 김원봉은 일본군의 집요한 추적에도 단 한 번도 체포되지 않았다. 일제가 그를 붙잡기 위해 내건 현상금은 당시 100만원. 현 화폐단위로 환산하면 무려 320억원에 달할 것으로 추정된다. 김구 등 당시 내로라하는 수많은 독립운동가 중 최고 현상금이었다.

　의열기념관에는 의열단 영상자료, 김원봉 연설장면 동영상 등이 생생하게 담겨 있다. 고향인 밀양에서 살다가 2019년 2월 별세한 김학봉_{김원봉의 막내 여동생} 씨는 생전에 의열기념관 개관식에 참석해 오빠의 독립운동이 진정으로 인정받는 날이 오길 간절히 소망했다. 김원봉은 대한민국에서 독립운동 유공 훈장을 받지 못했다. 손정태 밀양문화원장은 "그동안 4차례나 약산 서훈을 위해 발 벗고 뛰었지만, 북한 정권 수립에 기여한 자라는 조항 때문에 계속 좌절됐다"고 말했다. 손 원장은 "언젠가 통일이 된다면 약산은 남북이 공히 인정하는 독립운동가이자, 최고의 훈장을 가장 먼저 안겨야 할 사람"이라고 의미를 부여했다.

약산 김원봉의 고향 선영인 밀양시 부북면에 안장된 박차정 열사 묘소 (밀양시 제공)

김원봉의 아내이자 동지로 함께 독립운동을 펼친 박차정[1910~1944]은 약산의 선영인 밀양시 부북면에 안장됐다. 박차정은 1931년 의열단을 주도하던 약산과 결혼했다. 그는 1939년 2월 일제와 중국 장시성 곤륜산 전투에서 총상을 입은 후유증으로 광복을 보지 못한 채 1944년 35세 젊은 나이에 순국했다. 김원봉은 해방 후 귀국 때 직접 유해를 안고 와 손수 안장했다. 박차정에게는 1995년 건국훈장 독립장이 추서됐다. 문재인 대통령은 제99주년 3·1절 기념식 때 기억해야 할 여성독립운동가 6명 가운데 한 명으로 박차정을 호명했다.

약산의 죽마고우, 육사의 절친 윤세주

해천을 낀 밀양시 내이동 880번지는 독립운동가 석정[石正] 윤세주[1901~1942] 생가다. 약산 생가 바로 옆이다. 동네 사람들은 "해천은 석정과 약산이 어릴 적부터 물놀이를 함께하며 꿈을 키운 추억의 공간"이라고 자랑했다. 세 살 위 약산이 먼저 고향을 떠나 만주에서 조선 독립을 위한 의지를 불태울 때 석정은 1919년 3월 고향에서 만세운동을 주동한다. 수천 명이 모인 밀양 장날 당당히 독립선언서를 낭독할 때 그의 나이 18세였다.

최필숙 밀양독립운동사연구소 부소장은 "밀양 3·13 만세운동 때 펄럭인 수많은 태극기는 모두 윤세주 집에서 나온 돈과 천으로 만들었다"며 "석정은 땅을 모두 팔아 전 재산을 독립운동 자금으로 내놨고 목숨까지 바쳤던 분"이라고 소개했다. 석정은 1919년 11월 만주 지린성에서 죽마고우인 김원봉과 운명적으로 만나 마침내 항일비밀결사인 의열단을 조직한다. 그는 의열단 중에서 가

잠 어린 나이였다.

당시 의열단 창단 멤버 13명 중 5명이 밀양사람이다. 해천 변 윤세주 생가터에는 1934년 4월 23일 의열단 조선혁명간부학교 제 2기 졸업식 훈화 때 했던 석정의 뜨거운 어록이 새겨져 있다. 석정 은 1942년 5월 일제와 중국 태항산 전투에서 다리에 총을 맞고 조 선 독립을 보지 못한 채 눈을 감았다.

최 부소장은 "석정은 독립운동의 분열 양상을 하나로 모으고 통 합하려는데 엄청나게 노력했다"며 "통일에 대한 의지가 가장 강했 던 인물"이라고 평가했다. 최 부소장은 석정의 절친한 친구로 시 인이자 독립운동가인 이육사[1904~1944]와 아름다운 우정 이야기도 들려줬다.

석정 윤세주
어록비 앞에서 듣는
의열투쟁사
(밀양시 제공)

　　석정과 육사는 의열단에서 생사고락을 함께했다. 1941년 발행된 잡지 조광朝光 1월호 연인기戀印記에 따르면 육사는 동지이자 벗으로 흠모한 석정과 상해에서 헤어질 때 자신이 가장 아끼던 비취도장에 '증贈S 1933.9.10 육사陸史'라고 새겨 건넸다는 기록이 남아있다. 'S'는 석정의 이니셜로 추정된다. 육사는 1944년 중국 베이징에 있던 일본영사관 감옥에서 광복의 햇빛을 보지 못한 채 작고했다. 옥사한 육사의 시신을 수습한 사람은 역시 의열단에서 활동한 여성독립운동가 이병희1918~2012다.

의열 정신 새긴 약산로와 석정로

해천 주변에는 눈길을 끄는 도로명이 있다. 해천을 가로지르는 길 '약산로'와 해천을 따라 평행으로 흐르는 길 '석정로'가 그것이다. 밀양시가 도로명 개정 때 후세에 영원히 남길 이름으로 붙였다. 밀양사람들이 마음속에 간직한 약산과 석정은 그렇게 밀양사람들과 일상 속에서도 만난다.

밀양시는 해천을 따라 항일운동 테마거리도 만들었다. 주민들은 주택과 가게의 문과 담벼락을 독립운동 테마거리 조성을 위해 흔쾌히 제공했다. 거리에는 태극기 변천사와 조선의용대가 함께 찍은 실물 크기 사진 벽화 등 다양한 독립운동사가 흥미롭게 조성됐다. 시는 앞으로 해천 일원 도시재개발사업을 통해 의열단기념관, 의열공원 등 전국에 하나뿐인 의열투쟁 독립운동 지역을 구상하고 있다. 밀양시 관계자는 "최근 화재 참사 등 어려운 일을 겪었지만, 전국에서 가장 많은 독립운동가를 배출한 밀양의 자긍심으로 위기를 극복했다"며 "밀양의 의열투쟁 역사와 정신을 이어나가겠다"고 말했다.

항일운동 테마거리

부산

영도다리 밑에는 왜
점집이 많았을까

한국전쟁 피란민 100만명 몰렸던 '애환'과 '희망'의 현장
건설 당시 숨진 韓·中 노동자의 한 서린 '희생의 다리'

글 **손형주** 기자

"금순아 보고 싶구나. 고향 꿈도 그리워진다. 영도다리 난간 위에 초생달만 외로이 떴다."

피란 시절 애환을 담은 대중가요 '굳세어라 금순아' 가사 중 일부다. 노랫말 때문인지 오늘날 사람들에게 영도다리^{공식명칭 영도대교}는 한국전쟁 당시 이산가족을 위한 만남의 장소나 전쟁의 아픔이

영도대교 도개 모습

담긴 애환의 장소로 많이 기억된다. 하지만 영도다리에는 어두운
수탈의 역사가 서려 있다. 일제강점기 일본은 대륙 침략을 위한 보
급과 수송로 구축을 위해 영도다리를 만들었다. 당시 부산의 거부
인 하자마 후사타로오迫間房太郎는 영도에 얼마나 많은 땅을 보유했
던지 도개교 방식인 영도다리가 하루 몇 번 올라갈 때마다 주변
사람들이 "하자마 땅값 올라간다"며 비아냥 됐다고 한다.

희생의 다리… "다리 건설 희생자 위령탑은 어디에"

　1932년 착공해 약 3년이 걸린 영도다리 공사에는 수많은 막일
꾼이 동원됐다. 일꾼은 '빈민구제사업'이라는 사탕발림 같은 구호
로 벽보와 광고를 통해 모집했다. 공사에 동원된 사람이 4만3천

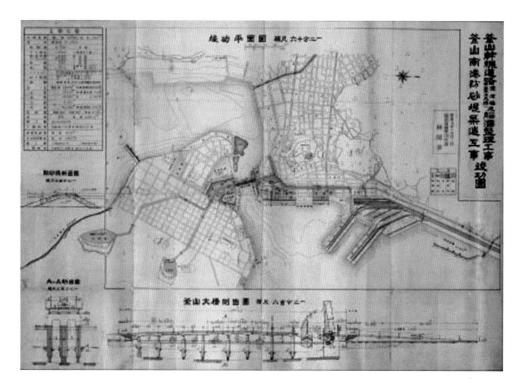

부산 영도다리
건설계획 담은 도면
(부경근대사료연구소
제공)

800명에 달한다. 여기에는 '구리'苦力라 불리며 1920년대 굶주림을 피해 산둥반도에서 부산으로 넘어온 중국인 노동자도 다수 포함됐다. 정확한 기록은 남아 있지 않지만 전체 공사 인원 중 중국 막일꾼이 20~30%에 달했다고 향토사학자들은 말한다.

엄청난 희생이 강요된 노동이었다. 그들이 쥔 하루 품삯은 55전. 당시 쌀 한 되가 15전, 담배 1갑이 5전, 고무신 한 켤레가 35전 정도였다는 점을 고려하면 품삯은 한 식구가 하루를 연명하기에도 빠듯한 돈이었다. 바다 위에 다리를 세우는 일도 생소한데 한쪽 다리를 들어 올리는 도개교 건설은 더더욱 어려운 일이었다. 당시 섬과 육지 간 거리가 약 600m였는데 도개교로 건설하기에는 200m가 최적이라는 판단에 따라 나머지 400m는 바다를 매립해야 했다. 섬 쪽은 봉래산을 깎았고 육지 쪽은 용미산을 깎아 바다를 메웠다.

이 과정에서 수많은 노동자가 희생됐다. 산사태로 많은 노동자가 목숨을 잃는가 하면 다리 공사 때도 희생자가 속출했다. 착공 4개월 만에 23명의 사망자가 발생했다는 기록도 있지만, 당시 부산부釜山府가 공식 집계한 한국인 사상자는 사망 17명, 중상 41명이다. 중국인 사상자들도 많았는데 이들의 희생에 대한 정확한 기록은 어디에도 없다. 산사태가 나 중국인 6명이 한꺼번에 매몰됐는데 장례식도 치르지 않았다는 이야기가 전해질 뿐이다. 이 때문에 영도다리는 '유령의 다리'로 불리기도 했다. 다리 건설 중 죽은 귀신들이 밤마다 나타나 일본인들을 괴롭힌다는 소문이 무성했다. 영도 남항동과 대평동 일대에 사는 일본인들이 공포심에 밤에는 외출을 꺼릴 정도였다고 한다. 일본인들은 궁리 끝에 가미사마일본의 신를 모신 사당을 세웠고, 그 사당이 지금 영도에 있는 용신당의 전신이다. 영도다리가 건설되고 한참 뒤에야 건설에 참여했던 노동자들이 푼돈을 모아 영도다리가 잘 보이는 영선 고개에 위령탑을 세웠지만, 지금은 흔적조차 남아 있지 않다.

사진으로 남아 있는 영도다리 위령탑의 흔적 (초록색 동그라미) (부경근대사료연구소 제공)

상생의 다리… "쇠로 된 다리가 정말 올라갈 수 있을까"

영도다리 건설 전 영도와 육지를 연결하는 교통수단은 나룻배가 전부였지만, 다리 건설계획이 발표되자 반대 여론이 상당했다. 특히 해운업자는 다리가 생기면 영도를 둘러 운항을 해야 하기 때문에 반대가 심할 수밖에 없었다. 그래서 나온 절충안이 상판을 들어 올리는 도개교 방식이었다. 다리를 들어 올려 뱃길을 터줌으로써 바다와 육지가 상생하는 방법을 모색한 것이다. 당시에는 상상하기 힘든 기상천외한 방식이었다. 공사가 끝날 무렵까지도 사람들은 영도다리가 올라간다는 사실에 반신반의했다고 한다.

난공사였던 만큼 개통 시기도 세 차례나 연기됐다. 영도다리를 설계한 일본인 야마모토 우타로山本卯太郎는 다리가 들리는 장면을 보지 못한 채 개통 8개월 전 심장마비로 숨졌다. 세간에는 그가 도개교를 만들지 못해 자살했다는 풍문이 돌기도 했다. 우여곡절 끝에 1934년 11월 23일 개통식이 열렸고 6만명에 달하는 인파가 몰렸다. 당시 부산 인구가 15만명, 영도 인구는 5만명이었다고 하니 얼마나 많은 사람이 다리가 들리는 모습을 보러 왔는지 알 수 있다. 개통식 날 영도다리가 도개하자 사람들의 탄성 소리가 부산 앞바다를 가득 메웠다고 한다.

희망의 다리… "그 많던 점집은 다 어디로 갔을까"

일제강점기에 사람들은 "죽기 전에 영도다리 구경하는 게 꿈"이란 말을 하고 다녔다고 한다. 전국 곳곳에 영도다리에 관한 입소문이 널리 퍼졌고, 영도다리는 한국전쟁 중에는 피란민들에게

만남의 장소가 됐다. 아픔의 다리이기도 했지만 동시에 전쟁 때는 희망의 다리였던 것이다. "살아있다면, 부산 영도다리에서 다시 만나자." 피란길 헤어짐이 임박했던 순간 피란민들이 머릿속에 떠올린 장소는 어김없이 영도다리였다.

영도다리에 도착한 피란민은 100만여 명을 헤아렸다. 그야말로 인산인해였다. 그들은 다리를 떠나지 못했다. 한국전쟁 당시 부산 인구가 30만 명이었다. 가족의 이름을 적은 종이나 헌 옷이 영도다리 양쪽 난간에 빽빽하게 붙었다. 희망은 절망으로 바뀌기도 했다. 하루에 27명이 다리 위 달빛을 바라보다 뛰어내렸다는 수상경찰서[현 영도경찰서] 기록도 있다. 경찰은 '잠깐만'이라는 팻말을 다리 위에 붙였다.

"헤어진 가족은 어디에 있을까요." 기다리다 지친 사람들은 한 치 앞을 모를 삶을 위안받고 싶은 마음에 점집을 찾기 시작했다. 영도다리 주위는 점집이 퍼져나가 '점바치 골목'을 이뤘다. 당시 목조가옥 형태의 점집이 80여 곳에 달했고, 돗자리 형태의 점집까

지 포함하면 120여 곳에 이르렀다. 목조가옥은 영도다리 건설에
사용된 자재를 보관하던 창고였다.

점집은 2014년 사라진 '소문난 대구 점집'을 끝으로 역사의 뒤
안길로 사라졌다. 피란민들은 영도다리를 떠나지 못하고 영도다
리 주변에서 살았고 그곳은 부산의 원도심이 됐다. 영도다리는 아
픔과 절망의 순간에도 이곳에서 가족을 만날 수 있다는 희망의 다
리였다. 영도다리 관광해설사로 활동하는 강태인 영도구 문화관
광 자문위원은 "이 다리를 찾는 사람들은 하나같이 사연이 있다"
고 말했다. "우리 할아버지가 영도다리를 만들었데요.", "피란길 약
혼자와 헤어졌는데 영도다리 위에서 다시 만났어요.", "영도다리
아래 점집에서 점을 본 후 결혼에 성공할 수 있었어요." 등등이다.

영도다리 아래 푸른 갯물이 흐른 지 80년이 넘었다. 영도다리
는 그 세월 동안 우리가 겪은 격동의 물굽이를 묵묵히 지켜보고
다리를 건넌 수많은 사람의 이야기를 품어준 역사의 '말 없는 증
인'이다.

공동묘지 위에 생겨난
부산 '비석마을'

일제강점기 일본인 공동묘지가 피란민 삶의 터전으로
곳곳에 아픈 근·현대사 흔적, 과거와 현재가 공존

글 **손형주** 기자

마을 곳곳에서 **발견할 수 있는 비석** (부산 서구 제공)

"정말 공동묘지 위에 집을 지었다고요?" 부산 서구 아미동 비석마을을 찾은 관광객들은 마을해설사에게 이렇게 묻는다고 한다. 묘지 위 마을을 자칫 이상하게 받아들일 수 있지만, 비석마을의 아픈 역사를 들여다보면 금방 궁금증이 풀린다. 비석마을은 부산 근현대사를 단적으로 보여주는 동네다. 이곳은 일제강점기 일본인 공동묘지가 있던 장소인데, 한국전쟁 때 부산으로 몰려든 피란민들이 정착하며 마을을 형성했다.

일제강점기 일본인 공동묘지였던 마을

개항 이후 용두산을 중심으로 삶의 터전을 마련해 가던 일본인들은 처음에 용두산 북쪽 자락인 복병산에 공동묘지를 만들었다. 1905년 북항을 매축하면서 필요한 토석을 복병산에서 채굴했고 이때 공동묘지를 아미산으로 옮겼다. 아미산 고개는 부산항과 시내가 내려다보이는 명당이었다. 1909년에는 화장장도 아미동으로 옮겨왔다. 공동묘지와 화장장이 있던 이곳은 당시로선 죽음의 공간이었다. 해방 이후에는 비가 오는 날이면 밤마다 도깨비가 출몰한다는 소문이 돌 정도였다. 아미동 하늘전망대에 올라가면 익살스러운 도깨비 조형물이 있는 것도 이 때문이다.

묘지가 피란민 삶의 터전으로

한국전쟁 이후 전국에서 몰려든 피란민들은 갈 곳이 없었다. 영도다리에서 헤어진 가족을 찾기 위해 당시 자갈밭이었던 자갈치에서 천막을 치고 살던 피란민들은 정부 이주정책으로 인해 터전을 옮겨야 했다. 피란민들은 가까운 서구 아미동을 비롯해 산복도로 곳곳으로 거처를 옮겼다. 최근 투어코스로 명성을 크게 얻고 있는 감천문화마을도 이때 생겨났다.

당시 아미동에는 광복으로 서둘러 돌아간 일본인들이 미처 수습하지 못한 묘지들이 그대로 방치되어 있었다. 갈 곳 없는 피란민들에게는 묘지도 두렵지 않았다. 묘지 위에다 천막을 치고는 집을 만들었다. 지금도 마을 곳곳엔 과거 묘지였던 흔적을 찾을 수 있다. 비석은 가파른 계단 디딤돌 또는 집 주춧돌 등으로 활용됐다.

1909년 부산 서구 아미동 모습. 일본인 공동묘지 모습을 볼 수 있다. (부경근대사료연구소 제공)

1952년 촬영된 서구 아미동 모습 (한국전 스웨덴 참전용사 잉바르 스벤손(Ingvar Svensson) 씨 제공)

공동묘지 위에 생겨난
부산 '비석마을'

아픔 간직한 역사를 관광자원으로

아미동 비석마을은 바로 옆 감천문화마을보다 아직 덜 알려져 있다. 부산 서구는 아미·초장 도시재생프로젝트를 통해 주민 생활 환경을 개선하고 비석마을 역사를 널리 알리는 사업을 진행 중이다. 이 도시재생사업은 2016년 시작해 2020년까지 5년간 진행되며 사업비 100억원이 들어간다. 지난해 국토교통부 '2018 도시재생 뉴딜' 대상에서 주거복지부문 최우수상을 받기도 했다.

비석마을 대성사 인근에 일본인과 초기 정착 주민을 추모하는 공간도 생겨났다. 마을 이야기와 역사를 알리기 위해 피란 생활박물관과 역사 광장도 조성될 예정이다. 천마산 게스트하우스 단지가 조성돼 관광객이 편하게 머물 수 있는 공간도 마련된다. 이 밖

에 폐·공가 등 공간을 적극적으로 활용해 골목상권을 활성화하고
일본인 묘지와 피란 문화 등 역사적 자산을 관광명소로 탈바꿈시
킬 계획이다.

부산

세계유산 등재 앞둔
부산 유엔기념공원

'피란수도 부산' 잠정목록에 포함
2025년 등재 결정

글 **김재홍** 기자

부산 남구에는 세계에서 유일한 유엔군 묘지인 유엔기념공원이
있다. 한국전쟁에 참전했다가 전사한 11개국 장병 2천300명의 유
해가 영면한 유엔묘지는 국내는 물론 세계 각국에서 참배객이 연
중 몰려드는 곳이다. 이런 유엔묘지가 최근 문화재청 문화재위원
회 심의에서 '대한민국 세계유산 잠정목록'에 올랐다. 부산시가
2015년 광복 70주년과 한국전쟁 65주년을 맞아 추진하기 시작한
'피란수도 부산 유산' 사업의 결실이다. 이 사업은 피란수도 부산
의 위상을 재조명하고 역사문화 자원을 활용해 부산의 가치를 세
계에 알리려는 게 취지다.

 잠정목록에는 유엔묘지를 포함해 임시수도대통령관저경무대,
임시수도정부청사임시중앙청, 근대역사관미국대사관, 부산기상청국립중
앙관상대, 부산항 1부두부산항 제1부두, 부산시민공원하야리아부대, 워커하
우스유엔지상군사령부가 포함됐다. 유엔기념공원이 부산과 한국을 넘
어 세계유산으로서의 가치를 조명받는 발판이 우선은 마련된 셈
이다.'

허허벌판서 세계유산 등재 후보로

　유엔군사령부는 1950년 10월 중국 공산군이 참전하면서 전쟁
의 양상이 장기화하고 유엔군 전사자가 늘어나자 현재의 위치를
유엔묘지 대상지로 정했다. 부산항에 인접한 해안가에 있고 거주
민이 적은 데다 당분간 시가지로 개발될 가능성이 작다는 점 등이
대상지 선정에 영향을 미쳤다. 유엔군사령부는 1951년 4월 5일에
묘지를 완공했다. 개성, 인천, 대구, 대전, 밀양, 마산 등지에 가매
장된 전사자 유해가 이장되기 시작했다. 1951년부터 1954년 사이
에 안장된 유엔군 전사자 유해는 21개국 1만1천여 명이었다.

　국회는 1955년 11월 7일 유엔군의 희생에 보답하는 차원에서

부지를 영구히 유엔에 기증하고 성지로 지정할 것을 결의했다. 유엔은 그해 12월 15일 유엔총회에서 이런 내용을 담은 '결의문 제977(X)호'를 채택했다. 유엔과 한국 정부는 1959년 11월 6일 유엔군 장병의 희생을 기리고 유엔묘지의 존엄성이 인접토지의 사용으로 인해 손상되지 않도록 '유엔기념묘지 설치 및 유지를 위한 대한민국과 유엔 간의 협정'을 체결했다.

부산시는 유엔묘지의 존엄성을 지키려고 그 주변에 수목원, 조각공원, 박물관, 평화공원을 조성해 보호하고 있다. 허허벌판에 비목 하나만 있던 유엔묘지 터는 오늘날 국제평화의 상징으로 자리 잡았다.

세계 21개 국가가 한국 시각으로 매년 11월 11일 오전 11시에 맞춰 부산 유엔기념공원을 향해 1분간 묵념하는 '턴 투워드 부산'Turn Toward Busan에 동참하고 있다. 턴 투워드 부산은 캐나다 참전용사 커트니 씨가 2007년 세계에서 유일한 유엔군 묘지인 부산 유

2017년 턴 투워드 부산 행사

엔기념공원을 향해 묵념하자고 제안한 것을 계기로 시작됐다. 행사는 2008년 정부 주관으로 격상됐고, 2014년에 참가국이 21개국으로 늘어 국제적인 추모 행사로 확대됐다.

김형찬 전 부산시 창조도시국장은 "유엔기념공원은 8개 (세계유산) 잠정목록 중에서 유엔의 존재 이유를 가장 잘 보여주는 핵심 시설"이라며 "유엔군 참전용사가 목숨 걸고 나선 평화수호의 진정한 가치를 전 세계에 증명하고 있다"고 말했다.

60개국 유엔군 이름으로 참전, 그리고 유엔묘지

한국전쟁은 유엔 회원국 60개국이 처음으로 유엔군이라는 이름으로 참전한 전쟁이다. 그 전쟁에서 숨진 용사들의 유해가 잠든 곳이 유엔묘지다. 유엔은 국제평화 수호를 위해 희생한 참전용사가 잠든 유엔묘지를 유엔의 유일한 추모시설로 인정한다. 현재 유엔묘지 관리 주체는 11개국으로 구성된 유엔기념공원국제관리위원회다. 태국의 깐짜나부리 묘지와 방글라데시의 치타공 묘지도 2차 세계대전에 참전했다 숨진 연합군 병사 700~1천명이 잠든 곳이지만 유엔 차원에서 관리하는 곳은 아니다.

유엔묘지는 국내 국립묘지와 비교하면 구성 자체가 사뭇 다르다. 유엔묘지에는 유해가 안장된 주 묘역, 참전국과 유엔기가 게양된 상징구역, 유엔군 위령탑, 전몰장병 추모명비, 추모관과 정문 등의 기념물이 있다. 대통령, 독립유공자, 병사 등 생전 신분 혹은 계급에 따라 묘역의 위치와 규모를 달리하는 현충원과 달리 주묘역은 각각 규모와 구성이 똑같다. 묘역을 달리하는 우리의 국립묘지는 어쩌면 모든 국민은 법 앞에 평등하다는 헌법 정신과 배치될

수도 있다. 하지만 유엔묘지는 누구나 평등하다.

A4용지 한 장보다 조금 큰 동판에는 전사자의 국적과 이름, 소속, 생년월일, 전사 시기 등의 정보가 담겨 있고 그 옆에는 꽃 한 송이를 놓는 공간이 있을 뿐이다. 주 묘역이나 상징구역에 처음 와 본 참배객들은 '여기에 계신 분은 특별하거나 전투 공적이 있는 분이냐'는 질문을 하는 경우도 있다. 그러나 계급이나 공적에 따른 차별은 없다. 오히려 최연소에 특별함이 부여되기도 한다. 유엔기념공원에는 만 17세로 유엔군 최연소 전사자인 호주 출신 도운트 상병을 기려 그의 이름을 딴 110m 길이의 '도운트 수로水路'가 있다.

유엔기념공원국제관리위원회 관계자는 "전사하신 참전용사 대부분이 유엔묘지에 도착한 순서대로 안장돼 있다"며 "지위고하는 전혀 중요한 게 아니다"라고 설명했다.

'피란수도 부산' 세계유산 등재 2025년 최종 결정

　유엔묘지가 처음부터 피란수도 부산 세계유산 잠정목록에 포함됐던 건 아니다. 부산시는 유엔묘지를 관리하는 유엔기념공원 국제관리위원회의 동의를 얻으려고 회의 결과를 기다렸지만, 회의 일정이 늦어지자 유엔묘지를 제외한 임시수도대통령관저 등 14개 유산을 선정해 2016년 12월 문화재청에 잠정목록 등재를 신청했다. 기대와 달리 문화재청의 1차 심의에서 '연속 유산의 선정 논리' 등을 보완하라는 결정이 나와 잠정목록 등재가 보류됐다.

　부산시는 1차 심의 이후 유엔기념공원국제관리위원회의 동의를 받았고 공공협력과 국제협력의 유산 8개소를 다시 선정해 조건부 잠정목록 등재 결정을 끌어냈다. 부산시는 한국전쟁 기간 1천

피란시절 임시정부청사 분위기 재현 행사

129일 중 1천23일간 부산이 피란수도로서 정치·외교·행정·교육·경제·문화의 집결지라는 점과 유엔의 정신을 실현한 현장이라는 사실을 강조했다. 최근 '한국의 서원'과 '한양도성'이 잇따라 세계유산 등재에 실패한 상황에서 유엔묘지는 8개 목록의 화룡점정과 같다.

김한근 부경근대사료연구소 소장은 "한국전쟁 참전국과 관련해 당시 건조물 중에 유일하게 남아있는 게 유엔기념공원"이라고 말했다. 김 소장은 "60여년 전에는 유엔기념공원 자리가 변두리였으나 이제는 도심의 중심이 됐다"며 "이번 세계유산 등재 추진을 계기로 국가적인 차원에서 주변을 성역화하고 인근에 사는 주민들이 자부심을 느낄 방안을 마련해야 한다"고 당부했다. 세계유산 최종 등재 여부는 2025년 유네스코 회의에서 결정된다.

유엔기념공원

과거 딛고 근현대유산으로,
부산 우암동 189번지

일제강점기 소 막사, 한국전쟁 피란민 주거지서 등록문화재로

피란 시기 주거사 이해 중요 자료

글 **김재홍** 기자

"부산시 남구 우암동 189번지. 주소는 영도구 청학3동 대림빌라 4동 1109홉니다."

2001년 부산 출신 곽경택 감독의 영화 '친구'에서 살인 등의 혐의로 법정에 선 준석^{유오성}이 본적과 주소를 묻는 판사에게 한 대답이다. 이 영화 대사에 나오는 '우암동 189번지'는 허구가 아니다. 영화 속 주소는 곽 감독의 아버지이자 실향민인 곽인완 씨가 부산으로 피란해 처음 살았던 곳이다.

우암동 189번지의 역사는 일제강점기로 거슬러 올라가는데, 당시 전국에서 공출한 소를 검역하던 시설이 그 시작이라고 할 수 있다. '이출우검역소'와 '소^牛 막사'로 불리던 이 시설은 한국전쟁 때는 피란민이 살았고, 그 이후에는 가난한 도시 노동자의 보금자리 역할을 했다. 문화재청은 2018년 5월 '부산 우암동 소막마을 주택'을 등록문화재로 지정했다.

식민지 조선의 소는 모두 여기로

우암동^{牛岩洞}의 역사는 소와 밀접한 관련이 있다. 포구에 있던 큰 바위의 모양이 소처럼 생겼다고 해서 동네 이름이 우암동이 됐

1920년대 부산 남구 '우암동 189번지' (농림축산검역본부 제공)

1937년 부산 남구 '우암동 189번지' (농림축산검역본부 제공)

다. 이런 우암동은 일제가 1909년에 이출우검역소와 소 막사를 설치하면서 수탈의 전진 기지로 변한다. 총책임자는 일본인으로 현재의 장·차관급이었다.

부산남구민속회가 2001년에 발간한 '남구의 민속과 문화'를 보면 일제는 우리나라의 소를 모아 군용으로 만주나 일본에 보내려고 부산 우암동과 함경북도 청진에 이출우검역소와 소 막사를 뒀다. 소 막사는 전국에서 모은 소를 일주일에서 열흘 정도 임시로 보관·관리하는 곳이었다. 모두 20개의 막사로 이뤄져 있었는데 한 개의 막사는 2칸으로 나뉘어 각각 소 60마리를 보관했다. 검역을 마친 소는 기차에 실려 만주로 가거나 배에 실려 일본 시모노세키로 향했다.

부산에서는 두 척의 배가 1년에 1만2천 마리 정도의 소를 일본으로 실어날랐다. 대개 6년생 이하의 건강한 소가 공출 대상이었다. 문제가 있거나 병든 소는 일 년에 15마리 정도였다. 이런 소는 화장터에서 태워버렸고 화장터 굴뚝의 높이는 현재 목욕탕 굴뚝

1909년 부산
우암동 해안가
소 선적 (FP홀딩스
김태영 씨 제공)

의 높이와 비슷했다고 한다. 식민지 조선의 소는 1945년 해방 전
까지 일본과 만주로 향했다.

소가 머물던 곳은 피란민 차지

　해방 전까지 우암동에는 사람이 사는 집이 거의 없었다. 이출
우검역소와 소 막사에는 말과 소만 살았다. 해방과 더불어 일본
에서 돌아온 동포들이 우암동에서 작은 마을을 형성하기 시작했
다. 기존의 소 막사를 개조해 임시로 살 수 있는 집으로 손쉽게
이용할 수 있었기 때문이다. 1951년 1·4후퇴 이후에도 많은 피란
민이 몰려들어 천막이나 판잣집을 만들거나 소 막사에서 살기 시
작하면서 우암동의 인구가 급
증한다. 그 결과 주거지가 무
질서하게 들어서면서 좁은 골
목길이 형성됐고, 오늘날 우암
동의 모습을 갖추게 된다. 부
산에 터를 잡은 피란민들의
얘기를 들어보면 당시 소 막
사에는 남녀노소 구분 없이
몇 십 명이 함께 지냈다. 소 막
사 1개동에 평균 100명 이상
이 생활했고, 보자기로 칸을
나누고 가마니를 이불 삼아
하루하루를 버텼다.

한국전쟁 당시 부산 우암동 피란민촌 어린이
(한국전 스웨덴 참전용사 잉바르 스벤손(Ingvar Svensson) 씨 제공)

전기가 없어 밤이면 암흑천지였다. 여름이면 밤새 모기에 시달렸고 겨울에는 뼛속까지 칼바람이 파고들었다. 실향민이나 피란민들은 먹고살려고 온종일 일하고 녹초가 돼 숙소에 돌아와서도 '내일은 살아남을 수 있을까' 하는 걱정에 쉽게 잠을 이루지 못했다. 그런 힘들 시절을 보낸 뒤 상당수는 우암동을 떠나고 일부는 그대로 남았다. 이처럼 일제 수탈의 아픔과 피란민의 애환을 간직한 우암동은 아직도 공동화장실이 존재하는 등 주거환경 개선이 필요한 낙후된 마을로 남아있다.

근대역사문화공간으로 바뀌는 우암동

부산시는 전국에서 유일하게 일제강점기와 한국전쟁기에 걸친 근대 유산인 소막마을을 보존·활용하기 위해 2019년 3월 문화재청 '근대역사문화공간 재생활성화 확산사업' 공모에 신청했다. 시는 2018년에도 문화재청 근대역사문화공간 조성사업 공모에 참여해 '역사성'을 인정받아 최종 평가에 올라갔다. 하지만 최종 심의에서 전남 목포, 군산, 영주 등에 밀려 보류됐다. 건물 소유주 다수가 문화재 등록에 반대한다는 것이 보류 이유였다.

시는 이번에는 문화재청 권고사항을 보완하고자 사업지 인근 주민을 대상으로 설명회를 열어 주민 관심과 참여도를 높였다고 밝혔다. 문화재청 공모사업에 선정되면 시는 2020년부터 5년간 국비 50%를 포함해 200억원을 투입해 2만4천702㎡ 규모로 피란생활 역사문화마을을 조성할 계획이다. 피란생활 체험관, 역사 홍보관, 역사문화거리, 피란생활 전통시장, 피란생활 유적 복원 등의 사업이 포함된다.

현재 우암동 189번지에는 소 막사 건물 중 1개만 비교적 원형을 유지하고 있고, 나머지 20여개 건물에는 소 막사의 환기구 정도만 남아있다. 문화재청은 2018년 5월 소 막사의 원형을 유지한 건물인 '부산 우암동 소막마을 주택'을 등록문화재 제715호로 지정했다. 1층짜리 건물인 이 주택은 나무와 흙, 벽돌, 콘크리트 블록으로 축조했으며, 연면적은 320.5㎡다.

현지 조사에 참여한 전문가는 보고서에서 "거주 시설로 사용하면서 복도 상부에 설치한 환기구를 다락방 창문으로 쓰는 등 다양한 변형이 일어났다"며 "1960년대에는 25가구 내외 100여 명이 거주했다고 한다"고 밝혔다. 이어 "주거시설이 문화재로 등록되는 경우는 많지만, 소막마을 주택은 역사가 기존 사례와 다르다"며 "피란 시기 주거사住居史를 이해하는 데 중요한 자료"라고 설명했다.

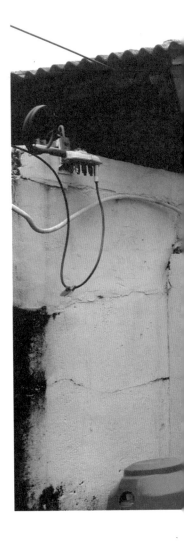

소 막사에서 주택된 **100년 전 건물** (문화재청 제공)

제주

표고버섯과 문화재의
한라산 '혈투'

백록담 밑 해발 1천800m까지 표고버섯 재배 수출 계획
"눈앞 이익 위해 미래자산 희생할 수 없다"는 보존 주장 승리

글 **김호천** 기자

한라산이 유네스코 세계유산임을 모르는 사람은 별로 없다. 그러나 세계유산 중 자연유산 등재를 가능케 한 한라산 원시림이 한때 완전히 사라질 위기에 처했었다는 사실을 아는 이는 많지 않다. 가난했던 시절 '수출증대'를 위해 백록담 바로 밑까지 표고버섯 재배장을 만들려는 계획이 추진됐다. 하지만 이 담대한 계획을 온몸으로 저지하고 나선 이들이 있었다. 문화재관리국^{현 문화재청}이었다. 원시림 보존을 명분으로 내건 문화재관리국은 박정희 전 대통령이 주심을 보는 가운데 표고버섯과 명운을 건 혈투를 벌여 승리했다. 불과 반세기 전 일이다. 그때 표고버섯이 승리했더라면 지금의 한라산은 사뭇 다른 풍광이었을 것이다. 물론 세계유산 등재도 없었을 수 있다.

수출증대 위한 표고버섯 재배와 문화재 보존 전쟁

제주도 당국은 1967년 해발 1천950m인 한라산 백록담 턱밑인 해발 1천800m까지 표고버섯을 재배하는 계획을 세웠다. 사업 목표는 한라산을 표고버섯 재배장으로 만들고, 표고버섯을 수출해 연간 20만달러의 외화를 벌어들인다는 내용이었다. 5·16 군사쿠

데타 때 소위 '혁명 주체세력'으로 인정받은 구자춘 제주도지사 시
절 계획이다. 구 전 지사는 표고버섯을 재배해 수출증대를 이룩하
겠다면서 당시 박정희 대통령에게 천연기념물 제182호인 한라산

해양경찰 초계기에서 바라본 한라산 백록담

천연보호구역에 대한 문화재 지정을 해제해달라고 건의하기도 했다. 도내 표고버섯 재배 농민과 일부 언론 등도 농가 소득 증대를 위한 계획을 실행해야 한다는 주장을 폈다.

문교부 외국으로 설치된 문화재관리국은 1966년 10월 12일 한라산을 중심으로 해발 800~1천300m 이상 되는 91.654㎢ 면적을 천연보호구역으로 지정했다. 문화재관리국은 한라산 천연보호구역은 그대로 보존돼야 한다며 제주도 계획에 반대했다. 눈앞의 이익을 위해 미래자산인 한라산 원시림을 희생할 수 없다고 버텼다.

정기영 전 문화부 문화재관리국장은 공무원 3년 차이던 그 시절을 아직도 선명하게 회상했다. 그는 "한라산에 바둑판처럼 선을 그어 번호를 매겨서 표고버섯을 재배하기로 돼 있었다"며 "한라산을 다 벗겨 먹는 계획이었다"고 말했다. 그는 "표고버섯 종균을 심은 나무는 5~6년이면 영양분이 없어져 폐목이 되고 그러면 또 종균을 심을 나무를 확보하기 위해 나무를 잘라내야 한다"며 "계획대로 됐다면 지금쯤 한라산 원시림은 남아있지 않았을 것"이라고 말했다.

이 문제는 결국 문화재관리국의 승리로

끝났다. 박정희 당시 대통령이 구 전 지사 주장과 문화재관리국의 설명을 듣고 나서 구 전 지사에게 양보하라고 명했다고 한다. 박 전 대통령은 1년에 한 번씩 각 시·도와 중앙부처 사이 의견 대립이 있는 사안을 해결하기 위한 회의를 주재해 그 자리에서 곧바로 정리했다는 것이다. 1960~1970년대 국토개발을 추진할 때 기관들은 국가 선진화를 위한 개발에 매달렸다. 당시 농림부는 표고버섯 재배 농민들에게 특용작물 지원금을 내려보내고, 상공부는 수출산업을 육성한다면 지원금을 내려보냈다. 문화재관리국은 한라산 보존을 위해 다른 길을 걸을 수밖에 없었다.

임금님 진상품 표고버섯과 제주도

세종실록에 의하면 세종은 1421년 제수에서 별공으로 바치년 참나무버섯을 면제하라고 명했다. 참나무에서 난 표고버섯이 제일 질이 좋아 '참나무버섯'이라고 불렀다. 북한에서는 아직도 표고버섯을 참나무버섯이라고 한다. 이때 임금한테 진상한 표고버섯은 도민들이 한라산 천연림에서 채취한 자연산이었다.

한라산 표고버섯 인공재배는 일제강점기 일본인들이 시작했다. 일본인이 만든 '제주도여행일기'라는 책은 1900년대 초기 일본인 버섯재배업자의 한라산 표고버섯 재배를 자세히 설명한다. 당시 일본인 버섯재배 기술자들이 한라산에 살며 표고버섯을 생산했고, 말린 표고버섯을 일본으로 가져갔다. 1924년 전라남도 제주도청에서 발행한 '미개의 보고 제주도'는 "한라산 중턱에 광대한 산림이 있어 버섯재배업이 가장 다망多望하다"고 기록했다. 한라산 버섯재배가 식민지 산업경영의 하나로 자리 잡았음을 보여주는 대목이다.

조선총독부는 1919년 한라산 표고버섯을 특산품으로 지정해 재배를 장려했다. 표고버섯 재배에 뛰어든 일본인들은 한라산 동남부 화전 위쪽에서 5천ha에 달하는 재배장을 경영했다. 현장에서 건조된 표고버섯은 포장돼 선박편으로 서귀포에서 오사카로 운송됐다. 오사카에서는 위탁판매를 거쳐 중국으로 수출됐다.

일본인들이 한라산에서 생산한 표고버섯의 양은 1936년 2천800kg, 1937년 2천600kg, 1938년 3천500kg였다. 제주 사람들은 제2차 세계대전이 끝나 일본인들이 물러가고 나서 본격적으로 표고버섯 재배를 시작했다. 1961년 언론 기록을 보면 당시 해발 700m 한라산 중턱 밀림에서 정부 후원 아래 표고버섯이 대규모로 재

임금님께 진상하던 한라산 표고버섯

배됐다. 38개 재배장에서 연인원 20만 명이 동원돼 생산되는 표고 버섯 양은 약 6만kg으로, 국내 생산량의 80%를 차지했다.

표고버섯은 대부분 동남아와 홍콩 등지로 수출됐다. 당시 2년 치 수출액은 21만800달러였다. 표고버섯은 1960년대 우리나라의 대표적인 해외 수출품이었다. 그러나 한라산 표고버섯 재배는 무 분별한 벌채로 이어졌다. 한라산에 자생하는 졸참나무와 서어나 무 등이 무참히 잘려나갔고, 훼손 면적은 해마다 늘었다.

세계자연유산 등재와 탐방객 증가

한라산은 문화재보호법상 천연보호구역으로 지정되고 4년여 뒤인 1970년 3월 국립공원으로도 지정됐다. 국립공원 면적은 153.332km²로, 천연보호구역보다 약 1.6배 정도 넓다. 국립공원 내 에는 양서·파충류 20종과 곤충류 2천665종, 관속식물 144과 470 속 895종 3아종 20변종 13품종이 자생한다. 관속식물은 양치식 물 110종, 나자식물 11종, 단자엽식물 200종, 쌍자엽식물 610종 으로 세분된다. 참매, 팔색조, 원앙, 검독수리, 황조롱이, 매 등 조 류도 다양하게 분포한다.

문화재와 국립공원 양쪽의 협공에 제주도는 마침내 1976년 한 라산국립공원 내 표고재배 중단을 선언한다. 이에 국립공원 내 11 개소 표고버섯 재배장은 폐쇄됐고 1993년에는 한라산에서 표고 버섯 자목 벌채도 금지했다. 2002년 12월에는 한라산국립공원을 포함한 해발 200m 이상 산간 지역과 천연기념물인 영천과 효돈 천 주변 지역, 서귀포 시립 해양공원섶섬, 문섬, 범섬과 함께 유네스코 생물권보전지역으로 등재됐다. 2007년 6월에는 유네스코 세계유산위원회가 제31차 총회에서 '제주 화산섬과 용암동굴'을 세계유산 중 자연유산으로 등재했다. 1999년 5월 유네스코 한국위원회 산하 '인간과 생물권계획위원회'가 한라산 생물권보전지역 지정과 관련해 제주도를 답사하는 과정에서 한라산을 세계유산으로 등재하는 문제를 처음 거론한 뒤 8년 만의 쾌거였다. 2010년 10월에는 한라산을 포함한 제주도내 9개 지질명소가 유네스코 세계지질공원 인증을 받았다. 이로써 한라산은 유네스코 자연과학 분야 3관왕에 올랐다.

한라산 탐방객은 꾸준히 증가했다. 1974년 2만3천466명이던 탐방객 수는 생물권보전지역으로 지정되고 난 다음 해 55만7천656명까지 늘었다. 세계자연유산으로 등재되던 다음 해 탐방객은 92만5천686명으로 전년도보다 무려 12만799명이나 늘었다. 2010년에는 탐방객 100만명 시대를 열었다.

1960년대 표고버섯 재배 계획이 실행됐다면 유네스코 생물권보전지역 지정과 세계자연유산 등재는 언감생심 꿈도 꾸지 못하고, 세계인이 인정하는 브랜드 가치도 누리지 못했을 것이다. 다만 일본인들도 탐낸 한라산 표고버섯의 명성이 사그라든 점은 아쉬움으로 남는다. 2012년 제주 표고 생산량은 전국 생산량의 0.3%에 지나지 않는다. 뒤늦게나마 2014년부터 제주시가 표고산업 발전 5개년 계획을 추진하고 있어 표고버섯 재배 농가에도 희망의 불빛이 비치고 있다. 자연과 인간이 조화를 이루는 새로운 시대를 제주가 어떻게 열어갈지 무척이나 궁금하다.

비행장 5곳 있던 제주도,
"가미카제도 날았다"

일제강점기 조성된 정뜨르비행장이 현 제주국제공항
전시장으로 활용되는 알뜨르비행장

글 **김호천** 기자

'환상의 섬', '평화의 섬'으로 불리는 제주도에 비행장이 5곳이나
있었다는 사실을 아는 이는 많지 않다. 실제로 제주지역 항공산업
종사자들도 잘 모르는 이야기다. 세월이 흐른 탓도 있겠지만 굳이
일제강점기 아픈 기억을 떠올려야 할 필요성을 느끼지 못하는 탓

일제강점기 일본 해군이 제주 서귀포시 대정읍 알뜨르에 건설했던 비행장 전경

도 있으리라. 아픈 역사에 대한 자체 기록 작업이나 연구 활동이
활발하지 않은 이유도 있겠다.

　일제강점기 제주에 건설된 비행장 중에는 속칭 '알뜨르비행장',
'정뜨르비행장', '진드르비행장'이 대표적이다. 이들 비행장 외에
당시 제주시 조천읍 교래리 부근에 건설된 육군 비밀 비행장과 현
서귀포시청 일대에 조성된 소규모 비행장이 있었다.

알뜨르비행장의 현재 모습

알뜨르비행장은 중국 폭격용

일본 학자 츠카사키 마사유키塚崎昌之 박사의 '제주도에서의 일본군 본토 결전 준비-제주도와 거대 군사 지하시설'2004년이란 논문과 제주대학교 사회학과 조성윤 교수의 논문 '알뜨르비행장: 일본 해군의 제주도 항공기지 건설 과정'2012년은 제주의 비행장 건설 과정을 잘 설명하고 있다.

제주의 첫 비행장은 알뜨르비행장이다. 일본 해군이 '제주도 항공기지'로 명명한 이 비행장은 1933년에 해군 항공기의 불시착륙장으로 처음 건설됐다. 불시착륙장의 면적은 19만8천799㎡다. 이때부터 중국과의 전쟁을 준비했던 것으로 파악됐다. 중일전쟁이 전면전으로 발전한 1937년에는 이 비행장이 48만6천800㎡로 2배 이상 늘어났다. 중국 국민당 정부의 수도 난징南京을 폭격하는 기지로 활용하기 위해서다. 당시 폭격기의 비행 거리로는 일본에서 이륙해 난징을 폭격하고 나서 되돌아가는 것이 불가능했다. 난징에 가장 가까운 일본 내 기지는 나가사키長崎현 오무라 항공기지로, 이곳에서 뜬 폭격기들이 난징 폭격을 하고 나서 알뜨르비행장에 착륙하도록 했다. 알뜨르비행장에 착륙한 폭격기들은 다음날 곧바로 난징 폭격에 나섰다.

일본 해군성은 이 폭격을 '세계 항공전 사상 미증유의 대공습'이라고 자화자찬했다. 대규모 폭격기 편대가 바다를 건너 다른 나라를 공습한 첫 번째 '도양폭격'渡洋爆擊 사례라고 자랑했다. 이후 난징과 상하이上海 등지로의 도양폭격 거점은 제주도로 옮겨졌다. 폭격기들이 제주에서 이착륙하며 공습을 이어갔다. 제주로부터의 난징 공습은 36회 이루어졌다. 600기의 폭격기가 총 300t의 폭탄을 투하한 것으로 조사됐다. 그해 11월 일본군이 상하이 부근을 점령해 그곳에 비행장을 마련하자 해군 항공대의 본거지는 상하이가 됐다. 3차 확장공사는 1941년 태평양전쟁이 시작되기 직전부터 전쟁이 끝나는 1945년까지 계속됐다. 추가로 220만㎡의 토지를 확보해 오무라 항공기지와 같은 규모인 총 268만6천800㎡로 확장했다.

알뜨르비행장의 용도는 중국 폭격용에서 미국의 반격으로 패망하기 직전까지 본토를 사수하기 위한 마지막 결전장으로 바뀌었다. 작고한 향토사학자 박용후는 "태평양전쟁에서 미군 함대 공격에 1인승 폭격기 '가미카제호'神風號를 투입했다"고 말했다. 가미카제는 항공기를 몰고 가 들이받는 자폭 특공대를 일컫는다.

일본 '본토 결전'용 비행장 건설

같은 시기에 일본 육군은 제주시 지역에 소위 '제주 비행장'을 건설하는데 매달렸다. 그때만 해도 일본군에는 공군이 따로 편성되지 않아서 육군과 해군이 각각 경쟁적으로 항공부대를 운영했다. 육군이 처음 건설한 비행장, 다시 말해 제주에 두 번째로 건설된 비행장은 정뜨르비행장이다. 활주로는 1천800m×300m와 1천500m×200m 등 2개였다. 1942년 1월 설치된 것으로 알려진 이 비행장은 현재 제주국제공항으로 발전했다.

1945년 초에는 제주시 조천읍 신촌리에 세 번째 비행장인 속칭

진드르비행장 건설이 시작됐다. 제주 동비행장으로 명명된 이 비

행장의 준공 시기는 파악되지 않지만 같은 해 4월 중순에 제2활주

로 공사를 했다. 진드르비행장은 제주 동비행장으로, 정뜨르비행

장은 제주 서비행장으로 각각 명칭이 변경됐다.

육군은 같은 해 7월에는 조천읍 교래리 부근에 네 번째 비행장

을 건설했다. 이전과 달리 해안지역이 아니라 내륙에 만들어진 비

밀 비행장이다. 계획상 활주로는 1천m×100m와 900m×50m 2

개다. 그 외 비행병 수용동굴 200명분, 연료동굴 연료 400통, 탄약

5t, 비행기 격납 동굴 12기분 등도 계획했다. '특공기' 즉 가미카제

를 띄우기 위한 비행장으로 파악됐다. 이 비행장은 현재 대한항공

정석비행장인 것으로 추정되고 있다.

마지막 비행장은 4·3항쟁 당시 서귀포시에 건설됐다. 현 서귀

포시청 건물을 중심으로 동쪽으로 동홍천까지, 서쪽으로 선반내
까지 잔디밭 비행장이었다. 오광협 전 서귀포시장은 "4·3 당시 경
찰이 서귀포 지역에 100사령부를 창설하고 비행장을 건설, 경비
행기를 이용해 산악지대 시찰 등에 활용했다"고 설명했다. 이 비
행장에는 1956~1957년 대만의 제트기 1대가 착륙하다 폭발하기
도 했다고 한다.

　4·3 항쟁이 마무리되고 1970년대 중반에 비행장 부지들이 민
간에 분양됐다. 현재 제주국제공항과 정석비행장만 운영되고 있
다. 아직도 많은 일제강점기 흔적을 간직한 알뜨르비행장은 국방
부가 소유한 채 공군 탐색부대 등을 건설하려고 하고 있다. 진드
르비행장과 서귀포 비행장은 역사 속으로 완전히 사라졌다.

제주

전시장으로 활용되는 제주
알뜨르비행장

하늘과 땅, 바다에서 '가미카제' 특공작전

일본군은 패전의 기색이 역력해지자 '본토 결전'
에 착수했다. 1945년 3월 20일 '결호작전 준비요강'
에 따라 북부 홋카이도의 '결1호 작전'부터 남부 규
슈의 '결6호 작전'까지 세웠다. 그리고 유일하게 본
토가 아닌 제주를 주무대로 상정한 '결7호 작전'이
수립됐다. 이어 7월 13일 육·해군 공통 '결호 항공
작전에 관한 육·해군 중앙협정' 별책이 내려졌다.
항공작전에서는 "주로 특공전법으로 미군의 상륙
선단을 격멸한다"고 정했다. 미군이 제주도 상륙작
전을 개시하면 가미가제의 자폭 공격으로 섬멸하
라는 명령이다.

다음 날은 '결호작전에 있어서의 대전차 전투 요
강'이 내려졌다. 육상전투의 요점이 적의 근간 전력
인 전차 격멸에 있음을 중시해 "일사필쇄의 특공에
의한 육박 공격을 하라"고 지시했다. 병종을 불문하
고 직접 폭탄을 안고 달려가 자폭하며 적을 무찌르
라는 것이다.

앞서 4월 8일 '본토 결전에 관한 육·해군 합동요
령'과 동시에 시달된 '해군 특공기지 설정 개위'에
따르면 제주에 교룡轎龍, 해룡海龍, 회천回天, 진양震洋
과 주요 해상 특공병기가 모두 배치될 예정이었다.
교룡은 특수 잠항정이고, 해룡은 유익有翼 잠수정,
회천은 어뢰, 진양은 모터보트다. 이들은 모두 사람
을 태우고 적함에 추돌해 자폭하는 '인간어뢰'라고

제주 성산일출봉의 일본군 '인간어뢰' 기지

제주의 아픈 역사를
고스란히 담고 있는
제주 해안 동굴 진지

할 수 있다. 실제로는 7월 27일까지 제주 일출봉과 삼매봉, 수월 포 등 3곳에 진양 100척만 배치됐다. 제주 곳곳에는 총연장 약 15 km로 추정되는 지하 참호와 갱도진지, 해상 특공용 진지 등 각종 군사시설이 건설됐다. 비행장을 비롯한 이들 군사시설 건설에는 수많은 도민이 동원돼 말할 수 없는 고초를 겪었다.

당시 인구 23만 명인 제주도에 7만 명이 넘는 군인이 있었던 것 으로 조사됐다. 일본군은 전쟁 말기에 결7호 작전을 통해 사실상 의 강제적 집단 자결로 일컬어지는 옥쇄를 감행하려 했다. 미군의 원자폭탄 투하와 일본의 무조건 항복이 없었다면 제주에서 또 어 떤 일이 일어났을지 상상할 수 없다.

제주도민 조선 시대 200년간
섬에 갇혀 살았다

지리적·인위적 단절
고통 있었지만 제주의 독특한 문화 형성

글 **변지철** 기자

천혜의 자연환경과 더불어 여유로운 삶을 즐기기 위한 제주도로의 이주 열풍이 뜨겁다. '말은 제주도로 보내고 사람은 서울로 보내라'는 옛말이 무색할 정도로 많은 사람이 찾아오면서 어느 새 제주에 산다는 것은 부러움의 상징이 됐다. 과거에도 그랬을까?

제주도 앞바다

지금으로부터 380여년 전만 하더라도 제주도는 관청의 허락 없이는 아무도 떠날 수 없었던 '창살 없는 감옥'이자 '피하고 싶은 변방'이었다. 약 200년간 화산섬 제주를 철저히 외부와 격리해 놓았던 '출륙금지령'은 왜 생겨났고, 제주 사람들의 삶과 문화에 어떤 영향을 끼쳤을까.

'여다女多의 섬'이 된 제주

옛날 제주에서 산다는 것은 고통 그 자체였다. 화산섬 제주는 토양과 기후 등 농사짓기에 적합하지 않은 척박한 자연환경과 왜적의 침입, 태풍과 같은 각종 자연재난에 속수무책으로 당할 수밖에 없었다.

무엇보다 견디기 힘든 고통은 노역과 군역, 공납의 폐단이었다. 좁은 면적과 적은 인구에도 불구하고 제주 사람들은 공마貢馬와 귤, 약재, 해산물, 산짐승 등 다양한 진상 공물을 바쳐야 했고, 갖은 노역을 감당했다. 특히 진상을 위해 해조류와 패류를 채취했던 잠녀역潛女役·해녀역, 전복을 잡던 포작역鮑作役, 말을 기르던 목자역牧子役, 귤을 재배하던 과원역果員役, 진상품을 운반하는 선격역船格役, 관청의 땅을 경작해주던 답한역畓漢役 등은 모두가 맡지 않으려 했던 괴로운 '6고역'六苦役이었다.

조정에 바쳐야 할 진상품 부담이 너무나 과중했고, 중간에서 가로채는 관리들의 수탈이 심해지자 사람들은 견디다 못해 다른 지역으로 도망가거나 바다에 떠돌면서 해적질을 했다. 부역과 진상을 피해 수많은 남자가 섬을 떠나면서 인구는 급격히 줄어들었고, 제주는 '여다女多의 섬'이 됐다. 그나마 있던 남자들도 뱃일하러 나

고된 해녀들의 노동

갔다가 폭풍우에 휩쓸려 죽어갔다. 인구가 줄어도 부역은 줄지 않
았기 때문에 남자들의 빈자리를 고스란히 여자들이 채워야 했다.

1600년대 간행된 김상헌의 제주 기행문인 '남사록'에 기록된
당시 제주 인구가 2만2천990명으로, 남녀의 성비를 보면 남자가

9천530명인 데 비해 여자는 1만3천460명으로 남녀 성비가 0.7대 1로 여자 비율이 압도적으로 많았다. 남자들이 주로 했던 전복을 잡아 올리는 포작역을 해녀들이 떠안아야 했고, 남자들이 도맡았던 군역을 여자들이 대신 지면서 다른 지역에선 찾아볼 수 없는 '여정'女丁이라는 말이 생겨났다. '남사록'에는 당시 남정男丁의 수는 500명이지만 여정의 수는 800명으로 기록돼 있다. 결국, 인구 이탈을 막기 위해 조선 조정은 특단의 대책을 빼 들었다.

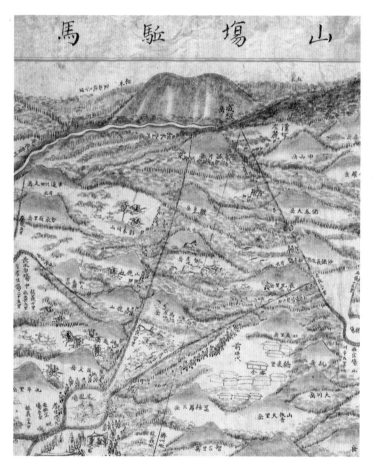

조선시대 탐라순력도 (보물 제652-6호) 중 하나인 '산장구마'(山 場驅馬). 1702년 (숙종 28년) 이형상 목사가 말을 점검하는 그림인 산장구마에는 가시리의 녹산장이 가장 중요한 제주마 목장으로 그려져 있다.

왕족도 피해 가지 못한 출륙금지령

'제주濟州에 거주하는 백성들이 유리流離하여 육지의 고을에 옮겨 사는 관계로 세 고을의 군액軍額이 감소하자, 비국이 도민島民의 출입을 엄금할 것을 청하니, 상이 따랐다.'조선왕조실록 인조 7년 8월 13일

조선은 인조 7년인 1629년 결국 제주에 출륙금지령을 내리는 강력한 통제정책을 폈다. 국법으로 관청의 허락 없이는 누구도 다른 지역으로 나갈 수 없도록 막아놨고, 제주 사람들은 200년 가까이 섬 안에 갇혀 폐쇄된 생활을 해야만 했다.

출륙금지령은 유배 온 왕족도 피해갈 수 없었다. 인조 6년인 1628년 역모에 휘말려 죽은 선조의 일곱 번째 아들 인성군仁城君의 가족들이 제주로 유배 왔다. 오랜 세월 제주에서 유배 생활을 하던 중 인성군의 다섯 아들 가운데 장남 이길과 차남 이억, 사남

척박한 자연환경의 제주

이급이 제주 여인과 결혼해 자식을 낳았다. 인조 13년 이들의 유배지를 옮기라는 명령이 떨어졌지만, 출륙금지령 때문에 처자식을 데리고 섬을 빠져나갈 수 없었다. 이후 사면돼 죄인 신분을 벗어나자 이들은 제주에 남아있는 처자식을 데려올 수 있도록 해달라는 청원을 올렸지만, 이마저도 받아들여지지 않았다.

왕이 청원을 받아들이려 해도 조정 대신들은 "제주의 인물이 육지로 나오는 것을 금한 것은 곧 조종조祖宗朝로부터 내려온 고칠 수 없는 법입니다. 지금 성상의 하교가 아무리 친족의 우의를 돈독히 하는 성대한 뜻에서 나온 것이더라도 결코 그 어미들까지 육지로 내보낼 수는 없습니다"라고 반대했다. 결국, 제주에서 얻은 자식들만 어머니 없이 제주를 떠나 한양의 아버지 곁으로 올라갈 수밖에 없었다.

왕족과 혼인한 여성들의 발까지 묶어 놓았던 출륙금지령은 일반 백성들에겐 가혹하리만치 더 엄격했다. 조선은 혼인을 통한 여성의 이주를 막기 위해 제주 여성의 경우 육지 남자와 혼인하는 것까지 법으로 막았다.

독특한 제주문화 명맥 이어

출륙금지령은 제주를 철저히 외부와 격리해놨다. 발달한 다른 지역의 문물을 받아들이는 데도 어려움이 있었고, 순조 25년1825년 출륙금지령이 해제된 이후에도 섬이라는 특수성으로 인해 쉽게 변화하지 못했다. 심지어 근세에 이르기까지 제주는 유배지라는 인식이 사람들에게 깔려 있어 오늘날처럼 '가보고 싶은 섬'이 아니라 '피하고 싶은 변방'에 불과했다.

날씨가 좋을 때는
제주 해상의 시야가
확 트이면서 평소
잘 보이지 않는
추자도와 전남
남해안의 섬들이
선명하게 윤곽을
드러낸다.

그러나 아이러니하게도 기나긴 '고립'이 제주에 해害가 된 것만은 아니었다. 한국에서 가장 독특하다는 평가를 받는 제주의 문화를 보전하는 데 긍정적인 영향을 줬다는 해석이 나오기 때문이다. 언어와 해녀문화 등은 제주가 육지와 다른 대표적인 사례들이다.

훈민정음 창제 당시 아래아(ㆍ)와 쌍아래아(ㆍㆍ) 등 한글 고유의 형태가 남아있어 '고어古語의 보고'로 일컬어지는 '제주어'제주 사투리 명맥이 근근이 흐르고 있다. 'ㅎ+ㆍ+ㄴ저 옵서예'(어서오세요), 'ㄸ+ㆍㄸ+ㆍ+ㅅㅎ+ㆍ다'(따뜻하다) 'ㅇ+ㆍㆍ망지게'(야무지게) 등이 그 예다.

또 다른 지역 사투리에서도 나타나는 단순한 억양·리듬의 차이만이 아닌 전혀 다른 어휘가 존재하는 제주어의 형성 배경에는 '섬'이라는 한반도와 단절된 지리적 환경이 주요했지만, 출륙금지령과 같은 인위적 단절이 제주어의 독자성을 더욱 키우는 데 한몫

을 했다는 것이다. 고려 시대 당시 제주에 '탐라총관부'가 설치돼
100년 이상 언어와 목축업 등에서 몽골의 영향을 받기도 했으나,
이후 지리적·인위적 단절로 인해 다른 지역의 영향을 최소화하면
서 제주 나름의 정체성을 강화할 수 있었다는 설명이다.

유네스코 인류무형문화유산에 등재된 해녀 문화에도 역시 적
지 않은 영향을 미쳤다. 출륙금지령이 200년 가까이 지속하는 동
안 제주 인구는 서서히 증가했고 자연스레 해녀의 수도 증가했다.
조선 숙종 때인 1694년 제주목사를 지낸 이익태가 쓴 '지영록'을
보면 "(제주에) 미역 캐는 잠녀가 많게는 800명에 이르렀다"는 기
록이 나온다. 이어 해녀의 수는 1700년대 초 900여명으로, 20세기
초인 1913년 8천391명에 이를 정도로 급격히 늘어났다.

쉴 새 없이 불어오는 바람과 싸우며 밭에서 일하다가도 물때가
되면 손에 든 호미를 내던지고 바다로 뛰어들었던 강인한 제주 여

성, 해녀들의 생명력은 이러한 역사적 배경 속에 이해할 수 있다.

[※ 상기 내용은 새로 쓰는 제주사, 이야기 제주사, 제주도, 제주 유배인과 여인들, 한국향토문화전자대전 등을 참고해서 제주의 출륙금지령과 문화에 대해 소개한 것입니다.]